한자능력검정시험
2급
단번에 따기

KB259573

**한자능력검정시험 단번에 2급 따기**

지은이 이래현 펴낸이 신옥희 펴낸곳 넥서스ACADEMY 출판신고 2004년 5월 12일
제313-2005-00006호 122-043 서울시 은평구 불광동 484-141 넥서스타워 2층
Tel:(02)380-3867 Fax:(02)380-3803

이래현 급수 한자 시리즈

# 2급

## 단번에 따기

한자능력검정시험

이래현 지음

별책부록

넥서스ACADEMY

# contents
## 차례

주로 4자로 이루어져, 이전부터 흔히 인용되어 쓰이는 말들입니다.

| | | |
|---|---|---|
| 家家戶戶 | 가가호호 | 집집마다 |
| 加減乘除 | 가감승제 | 덧셈, 뺄셈, 곱셈, 나눗셈을 함께 이르는 말 |
| 街談巷說 | 가담항설 | 길거리나 마을에 떠도는 이야기로서, 근거없이 나도는 말들 |
| 苛斂誅求 | 가렴주구 | 관리가 세금 등을 가혹하게 빼앗아 백성을 못살게 구는 정치를 이르는 말 |
| 家書萬金 | 가서만금 | 자기 집에서 온 편지가 반갑고 소중함을 빗대어 이르는 말 |
| 佳人薄命 | 가인박명 | 아름다운 여자는 수명이 짧음 |
| 家和萬事成 | 가화만사성 | 집안이 화목하면 모든 일이 잘 됨 |
| 刻骨難忘 | 각골난망 | 입은 은혜에 대한 고마운 마음이 뼈에까지 사무쳐 잊혀지지 않음 |
| 各自圖生 | 각자도생 | 사람은 제각기 살아갈 방법을 도모함 |

| 角者無齒 | 각자무치 | 뿔이 있는 자는 이가 없다는 뜻에서, 한 사람이 모든 재주나 복을 다 가질 수 없음을 이르는 말 |
|---|---|---|
| 各自爲政 | 각자위정 | 각자가 자기 멋대로 행동하면 그 결과가 뻔함을 이르는 말 |
| 刻舟求劍 | 각주구검 | 칼을 강물에 떨어뜨리자 뱃전에 그 자리를 표시했다가 나중에 그 칼을 찾으려 한다는 뜻으로 판단력이 둔하여 세상 일에 어둡고 어리석음을 비유 |
| 各人各色 | 각인각색 | 태도, 언행 등이 사람마다 다름 |
| 肝膽相照 | 간담상조 | 서로 속마음을 터놓고 친하게 지냄 |
| 感慨無量 | 감개무량 | 마음에 사무치는 느낌이 한이 없음 |
| 敢不生心 | 감불생심 | 감히 엄두도 내지 못함 |
| 甘言利說 | 감언이설 | 남의 비위를 맞추는 달콤한 말과 이로운 조건만 들어 그럴듯하게 꾸미는 말 |
| 甘井先竭 | 감정선갈 | 물맛이 좋은 우물이 빨리 마른다는 뜻으로, 재주가 뛰어난 사람이 일찍 쇠함을 이르는 말 |
| 感之德之 | 감지덕지 | 분에 넘쳐 매우 고맙게 여김 |
| 甘吞苦吐 | 감탄고토 | 달면 삼키고 쓰면 뱉는다는 뜻으로, 자신에게 이로우면 이용하고 해로우면 배척 |

함을 이르는 말

| | | |
|---|---|---|
| 感荷不已 | 감하불이 | 감사해 마지 않음 |
| 甲男乙女 | 갑남을녀 | 평범한 보통 사람들 |
| 甲論乙駁 | 갑론을박 | 서로 자기의 주장을 내세우며 상대편의 주장을 반박함 |
| 康衢煙月 | 강구연월 | 태평한 세상의 평화로운 풍경 |
| 江湖煙波 | 강호연파 | 강이나 호수 위에 안개처럼 보얗게 이는 기운, 또는 그 수면의 잔물결 |
| 改過遷善 | 개과천선 | 허물을 고쳐 착하게 됨 |
| 開卷有益 | 개권유익 | 책을 읽으면 유익하다는 뜻으로 독서를 권장함 |
| 蓋世之才 | 개세지재 | 온 세상을 덮을 만큼 뛰어난 재주 |
| 去頭截尾 | 거두절미 | 머리와 꼬리를 잘라 버린다는 뜻으로, 어떤 일의 요점만을 간단히 말함 |
| 居安思危 | 거안사위 | 편안한 때 닥쳐올 위태로움을 생각함 |
| 擧案齊眉 | 거안제미 | 밥상을 눈 높이로 받들어 올리다는 말로, 아내가 남편을 극진히 공경함 |
| 去者日疎 | 거자일소 | 멀리 떨어져 있으면 점점 사이가 멀어짐 |
| 去者必反 | 거자필반 | 떠난 자는 반드시 돌아옴 |

| 車載斗量 | 거재두량 | 물건이나 인재 등이 많아 그다지 귀하지 않음을 이르는 말 |
| 乾坤一擲 | 건곤일척 | 천지를 걸고 한 판으로 승부를 겨룸 |
| 格物致知 | 격물치지 | 실제 사물의 이치를 연구하여 지식을 완전하게 함 |
| 隔世之感 | 격세지감 | 많은 변화를 겪어서 딴 세상처럼 여겨지는 느낌 |
| 牽强附會 | 견강부회 | 이치에 맞지 않는 말을 억지로 끌어다 대어 자기에게 유리하게 함 |
| 見機而作 | 견기이작 | 기미를 느껴 미리 조치함 |
| 見利忘義 | 견리망의 | 눈앞의 이익만을 보고 의리를 생각하지 않음 |
| 見利思義 | 견리사의 | 눈앞의 이익을 보면 의리를 먼저 생각함 |
| 犬馬之勞 | 견마지로 | 개나 말 정도의 하찮은 힘이라는 말로, 윗사람(임금 또는 나라)을 위하여 바치는 자기의 노력을 낮춰 하는 말 |
| 犬馬之誠 | 견마지성 | 임금이나 나라에 바치는 자기의 정성을 낮추어 이르는 말 |
| 見物生心 | 견물생심 | 물건을 보면 그것을 가지고 싶은 욕심이 생김 |

| 見聞一致 | 견문일치 | 보고 들은 바가 서로 같음 |
| --- | --- | --- |
| 犬猿之間 | 견원지간 | 개와 원숭이의 사이라는 뜻으로, 사이가 매우 나쁜 두 사람의 관계를 이르는 말 |
| 見危致命 | 견위치명 | 나라가 위급할 때 자기 목숨을 나라에 바침 |
| 堅忍不拔 | 견인불발 | 굳게 참고 견디어 마음이 흔들리지 않음 |
| 決死反對 | 결사반대 | 죽기를 각오하고 있는 힘을 다해 반대함 |
| 結者解之 | 결자해지 | 일을 벌여 놓은 사람이 그것을 해결해야 함 |
| 結草報恩 | 결초보은 | 죽은 뒤에라도 은혜를 잊지 않고 갚음 |
| 兼人之勇 | 겸인지용 | 혼자서 두 사람 이상 몫을 하는 빼어난 용기 |
| 輕擧妄動 | 경거망동 | 깊이 생각해보지 않고 가볍게 마구 행동함 |
| 經國濟世 | 경국제세 | 나라를 잘 다스려 세상을 구제함 |
| 傾國之色 | 경국지색 | 임금이 혹하여 국정을 게을리함으로써 나라를 위태롭게 할 정도의 뛰어난 미인 |
| 敬老孝親 | 경로효친 | 어른을 공경하고 부모에게 효도함 |
| 敬天勤民 | 경천근민 | 하늘을 공경하고 백성을 위해 부지런히 일함 |

| | | |
|---|---|---|
| 驚天動地 | 경천동지 | 하늘이 놀라고 땅이 놀란다는 뜻으로, 세상을 크게 놀라게 함 |
| 敬天愛人 | 경천애인 | 하늘을 숭배하고 인간을 사랑함 |
| 經天緯地 | 경천위지 | 하늘을 날줄로 삼고, 땅을 씨줄로 삼아 천하를 다스림 |
| 鷄口牛後 | 계구우후 | 소의 꼬리보다는 닭의 부리가 되라는 뜻으로, 큰 단체의 꼴찌보다 작은 단체의 우두머리가 나음을 이르는 말 |
| 鷄群一鶴 | 계군일학 | 여러 평범한 사람들 가운데 뛰어난 한 사람 |
| 鷄卵有骨 | 계란유골 | 달걀에도 뼈가 있다는 뜻으로, 운수가 나쁜 사람은 모처럼 좋은 기회를 만나도 역시 일이 잘 안 됨을 이르는 말 |
| 鷄鳴狗盜 | 계명구도 | 닭의 울음소리를 내거나 개처럼 기어들어가 도둑질을 한다는 뜻으로 얕은 꾀로 남을 속이거나 학자가 배워서는 안 되는 하찮은 재주 |
| 股肱之臣 | 고굉지신 | 임금이 가장 가까이하며 신임하는 신하 |
| 孤軍奮鬪 | 고군분투 | 1. 수가 적고 후원이 없는 외로운 군대가 힘에 겨운 적과 용감하게 싸움  2. 적은 인원의 힘으로, 도움도 받지 않고 힘겨운 |

일을 그악스럽게 해냄

| | | |
|---|---|---|
| 古今東西 | 고금동서 | 옛날과 지금, 동양(東洋)과 서양(西洋)을 가리키는 말로, 때와 지역을 통틀어 일컬음 |
| 高談放言 | 고담방언 | 아무 거리낌없이 멋대로 큰 소리로 말함 |
| 高臺廣室 | 고대광실 | 높은 누대와 넓은 집이란 뜻으로, 크고 좋은 집을 이르는 말 |
| 孤立無援 | 고립무원 | 고립되어 도움을 받을 데가 없음 |
| 鼓腹擊壤 | 고복격양 | 태평한 세월을 즐김 |
| 故事成語 | 고사성어 | 옛날 있었던 일에서 만들어진 어구 |
| 高山流水 | 고산유수 | 1. 맑은 자연을 형용하는 말  2. 거문고 소리를 이르는 말 |
| 孤城落日 | 고성낙일 | 외딴 성과 지는 해란 뜻으로, 세력이 다해 주위에 사람이 없는 외로운 처지를 이르는 말 |
| 姑息之計 | 고식지계 | 1. 근본 해결책이 아닌 임시로 편한 것을 취하는 계책  2. 당장의 편안함만을 꾀하는 일시적인 방편 |
| 苦肉之策 | 고육지책 | 적을 속이기 위해 자신을 상하면서 하는 계책 |

| 孤掌難鳴 | 고장난명 | 외손뼉은 울릴 수 없다(상대없이 싸울 수 없고, 혼자서는 일을 이룰 수 없음. 서로 같으니까 싸움이 남) |
| 固定觀念 | 고정관념 | 잘 변하지 않는 확고한 의식이나 관념 |
| 固定不變 | 고정불변 | 고정되어 변하지 않음 |
| 苦盡甘來 | 고진감래 | 쓴것이 다하면 단것이 온다는 뜻으로, 고생 끝에 즐거움이 옴을 이르는 말 |
| 固執不通 | 고집불통 | 고집이 세어 조금도 융통성이 없음 |
| 高枕安眠 | 고침안면 | 베개를 높이 하여 편안히 잔다는 뜻으로, 근심없이 편안히 지냄 |
| 曲學阿世 | 곡학아세 | 배운 학문을 왜곡시켜 시류나 이익에 영합함 |
| 骨肉相殘 | 골육상잔 | 가까운 혈족끼리 서로 죽이고 해침 |
| 公明正大 | 공명정대 | 마음이 공평하고 사심이 없으며 밝고 큼 |
| 空山明月 | 공산명월 | 사람이 없는 적적한 산에 비추는 밝은 달 |
| 空中樓閣 | 공중누각 | 근거나 현실적 토대가 없는 사물이나 생각을 이르는 말 |
| 誇大妄想 | 과대망상 | 자기가 가진 것을 과대하게 평가하여 사실인 것처럼 믿는 일, 또는 그러한 생각 |
| 過大評價 | 과대평가 | 실제보다 훨씬 높게 평가함 |

| 過失相規 | 과실상규 | 나쁜 행실을 하지 못하도록 서로 규제함 |
| 過猶不及 | 과유불급 | 모든 사물이 정도를 지나치면 도리어 안 한 것만 못함 |
| 管鮑之交 | 관포지교 | 매우 친밀하게 서로를 잘 이해해주는 사이 |
| 冠婚喪祭 | 관혼상제 | 관례, 혼례, 상례, 제례를 함께 이르는 말 |
| 刮目相對 | 괄목상대 | 주로 손아랫사람의 학식이나 재주 따위가 놀랍도록 향상된 경우에, 이를 놀라워하는 뜻으로 쓰여, 눈을 비비고 다시 봄 |
| 矯角殺牛 | 교각살우 | 쇠뿔을 바로잡으려다 소를 죽인다는 말로, 결점이나 흠을 고치려다 수단이 지나쳐 도리어 일을 그르침 |
| 巧言令色 | 교언영색 | 말을 교묘하게 하고 안색을 예쁘게 꾸민다는 말로, 다른 사람의 환심을 사기 위해 말을 교묘하게 하고 표정을 좋게 꾸밈 |
| 交友以信 | 교우이신 | 세속 오계의 하나로, 벗은 믿음으로써 사귀어야 한다는 것 |
| 教學相長 | 교학상장 | 가르치고 배우면서 서로 성장함 |
| 九曲肝腸 | 구곡간장 | 아홉 번 구부러진 간과 창자라는 말로, 굽이굽이 사무친 마음속, 또는 깊은 마음속을 나타냄 |

| 口蜜腹劍 | 구밀복검 | 입으로는 달콤함을 말하나 뱃속에는 칼을 감추고 있다는 말로, 겉으로는 친절하나 마음속은 음흉함 |
|---|---|---|
| 九死一生 | 구사일생 | 여러 차례 죽을 고비를 겪고 간신히 목숨을 건짐 |
| 口尙乳臭 | 구상유취 | 입에서 아직 젖내가 난다는 말로, 말과 하는 짓이 아직 유치함 |
| 九牛一毛 | 구우일모 | 매우 많은 것 가운데 아주 적은 것 |
| 口耳之學 | 구이지학 | 들은 것을 자기의 생각없이 그대로 남에게 전하는 것이 다인 학문 |
| 九折羊腸 | 구절양장 | 산길 등이 양의 창자처럼 꾸불꾸불한 것 |
| 口禍之門 | 구화지문 | 입이 재앙을 불러들이는 문이라는 말 |
| 國士無雙 | 국사무쌍 | 나라에서 견줄 사람이 없을 정도로 뛰어난 선비를 이르는 말 |
| 國泰民安 | 국태민안 | 나라가 태평하고 백성이 편안함 |
| 群鷄一鶴 | 군계일학 | 무리지어 있는 닭 가운데 있는 한 마리의 학, 즉 여러 평범한 사람들 가운데 있는 뛰어난 한 사람 |
| 君臣有義 | 군신유의 | 임금과 신하 사이의 도리는 의리에 있음 |
| 群雄割據 | 군웅할거 | 영웅들이 서로 자신의 땅을 근거지로 삼 |

|  |  |  |
|---|---|---|
|  |  | 아 서로 뺏고 빼앗는 혼란한 상황 |
| 君爲臣綱 | 군위신강 | 임금은 신하의 모범이 되어야 함 |
| 君子不器 | 군자불기 | 그릇은 한 가지 용도에만 맞는 것이나 덕이 있는 군자는 온갖 방면에 두루 다 쓰임을 이르는 말 |
| 君子三樂 | 군자삼락 | 군자의 세 가지 즐거움 [첫째, 부모가 살아계시고 형제가 무고한 것, 둘째, 하늘을 우러러 부끄럼이 없는 것, 셋째 천하의 수재를 얻어 교육하는 것] |
| 窮餘之策 | 궁여지책 | 막다른 골목에서 그 국면을 타개하려고 생각다 못해 짜낸 꾀 |
| 權謀術數 | 권모술수 | 남을 교묘하게 속이는 술책 |
| 權不十年 | 권불십년 | 권세는 십 년을 가지 못한다는 뜻으로, 권세가 오래 가지 못함 |
| 勸善懲惡 | 권선징악 | 착한 것을 권하고 악을 징계함 |
| 捲土重來 | 권토중래 | 한 번 패하였다가 힘을 모아 다시 쳐들어옴 |
| 克己復禮 | 극기복례 | 자기의 사욕을 이기고 예로 돌아옴 |
| 近墨者黑 | 근묵자흑 | 먹을 가까이하면 검어진다는 말로, 나쁜 사람을 가까이하면 그 버릇에 물들기 쉬움 |

| | | |
|---|---|---|
| 金科玉條 | 금과옥조 | 금이나 옥처럼 귀중히 지켜야 할 법칙이나 규정 |
| 金蘭之契 | 금란지계 | 둘이 합심하면 그 굳기가 쇠를 자를 수 있고, 우정의 아름다움이 난초의 향기와 같다는 뜻으로, 친구 사이의 우정이 두터움을 이르는 말 |
| 錦上添花 | 금상첨화 | 비단 위에 꽃을 보탠다는 말로 좋은 일에 또 좋은 일이 더함 |
| 今昔之感 | 금석지감 | 지금과 옛적을 비교할 때 차이가 너무 심하여 일어나는 느낌 |
| 金石之交 | 금석지교 | 쇠나 돌처럼 굳은 변함없는 사귐 |
| 金石盟約 | 금석맹약 | 쇠나 돌처럼 굳은 약속 |
| 金城湯池 | 금성탕지 | 쇠로 만든 성과 뜨거운 물로 가득찬 못이라는 뜻으로, 방어 시설이 견고한 성을 이르는 말 |
| 今始初聞 | 금시초문 | 이제야 비로소 처음 들음 |
| 錦衣夜行 | 금의야행 | 비단옷을 입고 밤길을 가면 남들이 알아주지 않는다는 말로, 출세를 하고 부귀를 차지해도 남들이 알아주지 않으면 쓸데없음 |
| 錦衣玉食 | 금의옥식 | 비단옷과 흰 쌀밥이라는 뜻으로, 사치스 |

|  |  |  |
|---|---|---|
|  |  | 러운 의식이나 부유한 생활을 이르는 말 |
| 錦衣還鄉 | 금의환향 | 비단 옷을 입고 고향에 돌아오다는 뜻으로, 성공하여 고향으로 돌아옴 |
| 金枝玉葉 | 금지옥엽 | 금 가지에 옥 잎사귀라는 말로, 임금의 자손이나 매우 귀한 집의 자손, 혹은 귀여운 자손을 뜻함 |
| 氣高萬丈 | 기고만장 | 우쭐하여 기세가 대단함 |
| 起死回生 | 기사회생 | 죽을 뻔하다가 다시 살아남 |
| 奇想天外 | 기상천외 | 보통으로는 짐작할 수 없을 만큼 생각이 기발하고 엉뚱함 |
| 起承轉結 | 기승전결 | 문학 작품에서의 서술 방식 |
| 奇巖怪石 | 기암괴석 | 기이하게 생긴 바위와 돌 |
| 奇巖絕壁 | 기암절벽 | 기이하게 생긴 바위와 깎아지른 듯한 절벽 |
| 氣盡脈盡 | 기진맥진 | 기력이 다하고 맥이 풀림 |
| 騎虎之勢 | 기호지세 | 호랑이를 타고 달리는 기세라는 뜻으로, 이미 시작한 일을 중도에서 그만둘 수 없음을 이르는 말 |
| 奇貨可居 | 기화가거 | 좋은 기회는 놓치지 말아야 함 |
| 吉凶禍福 | 길흉화복 | 길함과 흉함과 재앙과 행복, 곧 사람의 운 |

수

| 落落長松 | 낙락장송 | 가지가 길게 늘어진 큰 소나무 |
| 落木空山 | 낙목공산 | 잎이 다 떨어져 앙상한 나무들만 서 있는 '겨울철의 쓸쓸한 산'을 이르는 말 |
| 落木寒天 | 낙목한천 | 나뭇잎이 다 떨어진 겨울의 춥고 쓸쓸한 풍경, 또는 그러한 계절 |
| 洛陽紙貴 | 낙양지귀 | 훌륭한 글을 다투어 베끼느라고 종이의 값이 오른다는 뜻으로, 문장의 훌륭함을 이르는 말 |
| 落花流水 | 낙화유수 | 떨어지는 꽃과 흐르는 물이라는 뜻으로, 가는 봄의 경치를 이르는 말 |
| 難攻不落 | 난공불락 | 공격하기가 어려워 좀처럼 함락되지 않음 |
| 暖衣飽食 | 난의포식 | 따뜻하게 입고 배불리 먹음 |
| 難兄難弟 | 난형난제 | 두 사물이 비슷하여, 낫고 못함을 정하기 어려움 |
| 南柯一夢 | 남가일몽 | 꿈처럼 헛된 한때의 부귀영화 |
| 南男北女 | 남남북녀 | 우리 나라에서 남자는 남쪽 지방 남자가 잘 생기고, 여자는 북쪽 지방 여자가 예쁘다는 말 |

| 男女老少 | 남녀노소 | 남자와 여자, 늙은이와 젊은이, 즉 모든 사람을 이르는 말 |
| 男女有別 | 남녀유별 | 남녀 사이에는 분별이 있어야 함 |
| 男女平等 | 남녀평등 | 남성과 여성이 법률적으로나 사회적으로 차별이 없이 같음 |
| 男負女戴 | 남부여대 | 남자는 짐을 등에 지고 여자는 짐을 머리에 인다는 뜻으로, 가난한 사람들이 살 곳을 찾아 이리저리 떠돌아다니는 것을 이르는 말 |
| 南風不競 | 남풍불경 | 남쪽 지역의 노래가 활기가 없다는 뜻으로, 남쪽의 세력이 부진함을 이르는 말 |
| 囊中之錐 | 낭중지추 | 재능있는 사람은 숨어 있어도 자연히 그 존재가 드러남을 이르는 말 |
| 內柔外剛 | 내유외강 | 마음은 약한데 겉으로는 강하게 나타남 |
| 內憂外患 | 내우외환 | 국내의 걱정스러운 사태와 외국과의 사이에 일어난 어려운 사태. 안팎의 근심거리 |
| 怒氣衝天 | 노기충천 | 화난 기색이 하늘을 찌를 정도로 잔뜩 성이 나 있음 |
| 怒甲移乙 | 노갑이을 | 어떤 사람에게 당한 분노를 애꿎은 사람에게 화풀이함을 이르는 말 |

| 路柳墻花 | 노류장화 | 길가의 버들과 울타리에 핀 꽃이라는 뜻으로, 창녀를 이르는 말 |
| 老馬之智 | 노마지지 | 늙은 말의 지혜라는 뜻으로, 연륜이 깊으면 나름의 장점과 특기가 있음 |
| 怒發大發 | 노발대발 | 몹시 노하여 크게 성을 냄 |
| 勞心焦思 | 노심초사 | 몹시 마음을 쓰고 애태움 |
| 勞而無功 | 노이무공 | 애는 썼으나 보람이 없음 |
| 綠林豪傑 | 녹림호걸 | 도둑이나 불한당을 이르는 말 |
| 綠水靑山 | 녹수청산 | 푸른 물과 푸른 산 |
| 綠陰芳草 | 녹음방초 | 푸르게 우거진 나무의 향기로운 풀이라는 뜻으로, 여름철의 자연 경치를 이르는 말 |
| 綠衣紅裳 | 녹의홍상 | 연두저고리에 다홍치마라는 뜻으로, 젊은 여자의 고운 옷차림을 이르는 말 |
| 論功行賞 | 논공행상 | 세운 공을 평가하여 상을 줌 |
| 弄瓦之慶 | 농와지경 | 딸을 낳은 경사 |
| 累卵之勢 | 누란지세 | 포개 놓은 알처럼 몹시 위태로운 형세 |
| 累卵之危 | 누란지위 | 알을 쌓은 듯한 위태로움. 쌓아 놓은 알과 같이 매우 위태로운 형세 |

| 能小能大 | 능소능대 | 모든 일에 두루 능함 |
| 多岐亡羊 | 다기망양 | 학문의 길은 여러 갈래여서 진리를 깨치기 어려움 |
| 多多益善 | 다다익선 | 많으면 많을수록 좋음 |
| 多聞多讀 | 다문다독 | 많이 듣고, 많이 읽으며, 많이 생각한다는 뜻으로, 중국 구양수(歐陽脩)가 글을 잘 짓는 비결로 이른 말 |
| 多聞博識 | 다문박식 | 견문이 넓고 학식이 많음 |
| 多事多難 | 다사다난 | 여러 가지 일도 많고 어려움이나 탈도 많음 |
| 多才多能 | 다재다능 | 재주와 능력이 여러 가지로 많음 |
| 多情多感 | 다정다감 | 정이 많고 느낌이 많음. 감수성이 예민하여 감동하기 쉬움 |
| 斷金之交 | 단금지교 | 쇠도 자를 강한 교분이라는 뜻으로, 매우 두터운 우정을 이르는 말 |
| 斷機之敎 | 단기지교 | 학문을 중도에 그만두는 것은 짜던 베의 날을 끊는 것과 같다는 가르침 |
| 單刀直入 | 단도직입 | 혼자서 칼을 휘두르며 적진으로 곧장 쳐들어가다는 말로, 말을 하거나 글을 쓸 때, 군말이나 허두를 빼고 곧장 요지를 말함 |

| 堂狗風月 | 당구풍월 | 서당 개 삼 년이면 풍월을 읊는다는 말로, 어리석은 사람이라 할지라도 오랫동안 늘 보고 들은 일은 쉽게 해낼 수 있음 |
| 黨同伐異 | 당동벌이 | 옳고 그름은 따지지 않고 뜻이 같은 무리 끼리는 서로 돕고 그렇지 않은 무리는 배척함 |
| 大驚失色 | 대경실색 | 몹시 놀라 얼굴빛이 하얗게 변함 |
| 大公無私 | 대공무사 | 공평하여 사사로움이 없음 |
| 大器晩成 | 대기만성 | 남달리 뛰어난 큰 인물은 보통 사람보다 늦게 대성함 |
| 大膽無雙 | 대담무쌍 | 대담하여 비길 만한 상대가 없음 |
| 代代孫孫 | 대대손손 | 대대로 이어오는 자손 |
| 大同團結 | 대동단결 | 여러 집단이나 사람이 어떤 목적을 이루려고 하나로 뭉침 |
| 大同小異 | 대동소이 | 비슷비슷함 |
| 大明天地 | 대명천지 | 매우 밝은 세상 |
| 大書特筆 | 대서특필 | 뚜렷이 드러나게 큰 글자로 쓴다는 뜻으로, 신문이나 잡지 등의 출판물에서 어떤 기사를 큰 비중을 두어 다루는 것을 이르는 말 |

| 大聲痛哭 | 대성통곡 | 큰 소리로 슬피 옮 |
| 對牛彈琴 | 대우탄금 | 어리석은 사람에게도 깊은 이치를 말해도 알아듣지 못하므로 소용없음을 이르는 말 |
| 大義滅親 | 대의멸친 | 큰 도리를 지키기 위해 가족을 돌보지 않음 |
| 大義名分 | 대의명분 | 사람으로서 마땅히 지키고 행하여야 할 도리나 본분 |
| 道傍苦李 | 도방고리 | 길가의 쓴 자두라는 뜻으로, 아무도 따는 사람이 없이 버림받음을 이르는 말 |
| 桃園結義 | 도원결의 | 의형제를 맺음 |
| 塗炭之苦 | 도탄지고 | 진흙구덩이나 숯불 속에 떨어진 것처럼 생활이 몹시 곤란함 |
| 獨立萬歲 | 독립만세 | 한 나라가 완전한 주권을 행사함을 축복하는 뜻으로 외치는 소리 |
| 獨不將軍 | 독불장군 | 무슨 일이든 자기 생각대로 혼자서 처리하는 사람 |
| 讀書亡羊 | 독서망양 | 하는 일에는 뜻이 없고 다른 생각만 하다가 낭패를 봄 |
| 獨也靑靑 | 독야청청 | 홀로 높은 절개를 지켜 늘 변함이 없음 |

| 同價紅裳 | 동가홍상 | 같은 값이면 다홍치마, 같은 조건이면 좀 더 낫고 편리한 것을 택함 |
| 同苦同樂 | 동고동락 | 괴로움과 즐거움을 함께함 |
| 同工異曲 | 동공이곡 | 재주나 솜씨는 같으나 표현된 내용이나 맛이 다름 |
| 東問西答 | 동문서답 | 동쪽을 묻는데 서쪽을 대답한다는 뜻으로, 묻는 말에 대한 전혀 엉뚱한 대답 |
| 同病相憐 | 동병상련 | 같은 병자끼리 가엾게 여긴다는 말로 어려운 처지에 있는 사람끼리 서로 불쌍히 여겨 동정하고 서로 도움 |
| 東奔西走 | 동분서주 | 사방으로 이리저리 바삐 돌아다님 |
| 同牀異夢 | 동상이몽 | 같은 침상에서 서로 다른 꿈을 꾼다는 말로 겉으로는 같이 행동하면서 속으로는 각기 다른 생각을 함 |
| 同生共死 | 동생공사 | 같이 살고 같이 죽음 |
| 東西古今 | 동서고금 | 동양과 서양, 옛날과 지금을 두루 이르는 말 |
| 東西南北 | 동서남북 | 동쪽, 서쪽, 남쪽, 북쪽 모든 방향을 이르는 말 |
| 同姓同本 | 동성동본 | 성(姓)과 본(本)이 같음 |

| 同時多發 | 동시다발 | 어떤 일이 같은 시기에 한꺼번에 많이 일어나는 것 |
| 凍足放尿 | 동족방뇨 | 언 발에 오줌 누기라는 뜻으로, 곧 효력이 없어져 더 나쁘게 됨을 이르는 말 |
| 杜門不出 | 두문불출 | 집 안에만 틀어박혀 세상 밖으로 나가 활동하지 않음 |
| 斗酒不辭 | 두주불사 | 말술도 사양하지 않는다는 뜻으로, 술을 매우 잘 마심을 이르는 말 |
| 得意滿面 | 득의만면 | 일을 이루어 기쁜 표정이 얼굴에 가득함 |
| 登高自卑 | 등고자비 | 낮은 곳에서부터 높은 곳으로 오르다는 말로, 모든 일은 차례를 밟아서 해야 함 |
| 燈下不明 | 등하불명 | 등잔 밑이 어둡다는 뜻으로, 가까이 있는 것을 오히려 잘 모름 |
| 燈火可親 | 등화가친 | 등불을 가까이 하여 글 읽기에 좋은 시절, 곧 가을을 이르는 말 |
| 馬耳東風 | 마이동풍 | 말의 귀에 동풍이 불어도 말은 아랑곳하지 않는다는 뜻으로, 남의 의견이나 충고의 말을 귀담아듣지 않고 흘려 버리는 것을 가리키는 말 |
| 莫上莫下 | 막상막하 | 어느 것이 위고 아래인지 분간할 수 없음 |
| 莫逆之友 | 막역지우 | 서로의 뜻을 거스리지 않는 친한 벗 |

| | | |
|---|---|---|
| 萬頃蒼波 | 만경창파 | 만 이랑의 푸른 물결. 한없이 넓고 푸른 바다 |
| 萬古不變 | 만고불변 | 오랜 세월을 두고 변하지 않음 |
| 萬古風霜 | 만고풍상 | 오랫동안 겪은 수많은 아픈 경험 |
| 萬里長天 | 만리장천 | 아득히 높고 먼 하늘 |
| 萬死無惜 | 만사무석 | 만 번 죽어도 애석할 것이 없을 정도로 죄가 무거워 용서할 여지가 없음 |
| 萬事瓦解 | 만사와해 | 한 가지 잘못으로 모든 일이 다 틀림 |
| 萬事亨通 | 만사형통 | 모든 일이 뜻대로 잘 이루어짐 |
| 萬事休矣 | 만사휴의 | 모든 것이 헛수고로 돌아감 |
| 萬壽無疆 | 만수무강 | 수명이 끝이 없음 [장수를 빌 때 쓰는 말] |
| 晚時之歎 | 만시지탄 | 때늦은 한탄. 시기가 늦어 기회를 놓친 것이 원통해서 탄식함 |
| 萬全之策 | 만전지책 | 실패할 위험이 없는 안주 안전한 계책 |
| 亡國之音 | 망국지음 | 나라를 망하게 할 음악이라는 뜻으로, 저속하고 잡스러운 음악을 이르는 말 |
| 罔極之恩 | 망극지은 | 부모나 임금에게 받은 가없이 큰 은혜 |
| 忘年之交 | 망년지교 | 노인이 나이를 개의치 않고 사귀는 젊은 벗과의 우정 |

| 亡羊之歎 | 망양지탄 | 달아난 양을 찾다가 갈림길에서 마침내 양을 잃었다는 고사에서 1. 학문의 길이 다방면이라 진리를 깨치기 어려움 2. 방침이 많아서 어찌할 바를 모름을 나타냄 |
| 茫然自失 | 망연자실 | 멍하니 정신을 잃음 |
| 望雲之情 | 망운지정 | 객지에 있는 자식이 고향에 계신 부모님을 생각하는 마음 |
| 亡子計齒 | 망자계치 | 죽은 자식의 나이 세기란 뜻으로, 이미 지나간 일은 다시 생각해도 소용없음을 이르는 말 |
| 梅蘭菊竹 | 매란국죽 | 매화, 난초, 국화, 대나무를 함께 이르는 말로, 품성이 군자와 같이 고결하여 사군자라고 함 |
| 麥秀之嘆 | 맥수지탄 | 고국의 멸망을 한탄함 |
| 孟母斷機 | 맹모단기 | 맹자의 어머니가 아들이 학업을 중단하고 돌아오자 짜던 베를 칼로 잘라 훈계를 한 고사 |
| 孟母三遷 | 맹모삼천 | 맹자의 어머니가 아들의 교육을 위해 세 번이나 이사를 함 [환경이 교육에 매우 중요함을 이르는 말] |
| 面從腹背 | 면종복배 | 겉으로는 복종하는 체하면서 속으로는 |

배반함

| | | |
|---|---|---|
| 滅私奉公 | 멸사봉공 | 사적인 것을 버리고 공적인 것을 위하여 힘써 일함 |
| 明鏡止水 | 명경지수 | 맑은 거울과 고요한 물 |
| 明明白白 | 명명백백 | 의심할 여지가 없이 매우 명확함 |
| 名山大川 | 명산대천 | 이름난 산과 큰 내 |
| 名實相符 | 명실상부 | 1. 이름과 실상이 서로 들어맞음  2. 알려진 것과 실제의 상황이나 능력에 차이가 없음 |
| 明若觀火 | 명약관화 | 불을 보는 것같이 밝게 보인다는 말로 더 말할 나위 없이 명백함 |
| 命在頃刻 | 명재경각 | 목숨이 경각에 달렸다, 즉  숨이 곧 끊어질 지경에 이름. 거의 죽게 됨 |
| 明哲保身 | 명철보신 | 어지러운 세상에서 총명하고 사리에 맞게 일을 잘 처리하여 자신을 잘 보전함 |
| 毛遂自薦 | 모수자천 | 자기가 자기를 추천함 |
| 目不識丁 | 목불식정 | 글자를 전혀 모름, 또는 그러한 사람을 비유하여 이르는 말 |
| 目不忍見 | 목불인견 | 몹시 딱하거나 참혹하거나 불쌍하여 차마 눈을 뜨고 볼 수 없음 |

| 木人石心 | 목인석심 | 나무 인형에 돌 같은 마음이라는 뜻으로, 감정이 전연 없는 사람을 비유해 이르는 말 |
| 猫項懸鈴 | 묘항현령 | 고양이 목에 방울 달기란 뜻으로, 실행하기 어려운 일을 이르는 말 |
| 無男獨女 | 무남독녀 | 아들이 없는 집의 외동딸 |
| 武陵桃源 | 무릉도원 | 사람들이 화목하게 살 수 있는 이상향 |
| 無不通知 | 무불통지 | 무엇이든 다 알고 모르는 것이 없음 |
| 無所不至 | 무소부지 | 이르지 아니한 데가 없음 |
| 無所不能 | 무소불능 | 잘하지 않는 것이 없음 |
| 無所不爲 | 무소불위 | 하지 못하는 일이 없음 |
| 無用之物 | 무용지물 | 쓸모없는 물건이나 사람 |
| 無用之用 | 무용지용 | 언뜻 보기에는 쓸모없는 물건이 오히려 큰 구실을 함 |
| 無爲徒食 | 무위도식 | 하는 일 없이 놀고먹음 |
| 無爲而化 | 무위이화 | 성인의 덕이 크면 클수록 백성이 스스로 찾아와서 감화됨 |
| 無爲自然 | 무위자연 | 인공적인 것을 더하지 않은 자연 그대로의 상태 |

| 無知莫知 | 무지막지 | 매우 무지하고 상스러움 |
| 文房四友 | 문방사우 | 종이, 붓, 먹, 벼루를 함께 이르는 말 |
| 聞一知十 | 문일지십 | 한 가지를 듣고 열 가지를 미루어 앎 |
| 門前成市 | 문전성시 | 대문 앞이 시장을 이룬다는 뜻으로, 방문객이 많음을 나타냄 |
| 勿失好機 | 물실호기 | 좋은 기회를 놓치지 않음 |
| 物我一體 | 물아일체 | 자연과 자아가 하나가 된 상태 |
| 美風良俗 | 미풍양속 | 아름답고 좋은 풍속이나 기풍 |
| 薄利多賣 | 박리다매 | 이익을 적게 보고 많이 팔아 이윤을 올리는 일 |
| 博而不精 | 박이부정 | 넓게는 알지만 세밀하지는 못함 |
| 拍掌大笑 | 박장대소 | 손뼉을 치면서 크게 웃음 |
| 博學多識 | 박학다식 | 학식이 넓고 아는 것이 많음 |
| 半信半疑 | 반신반의 | 한편으로는 믿으면서도 한편으로는 의심함 |
| 半身不隨 | 반신불수 | 병이나 사고로 신체의 반 정도가 마비되는 일, 또는 그러한 사람 |
| 反哺之孝 | 반포지효 | 자식이 자란 후에 부모님의 은혜를 갚는 효성 |

| | | |
|---|---|---|
| 拔本塞源 | 발본색원 | 폐해의 근원을 뽑아서 아주 없애버림 |
| 放聲大哭 | 방성대곡 | 복받치는 슬픔이나 분노를 참지 못해 목 놓아 크게 욺 |
| 傍若無人 | 방약무인 | 곁에 아무도 없는 것같이 거리낌없이 함부로 행동함 |
| 背水之陣 | 배수지진 | 물을 등지고 진을 치는 것으로 목숨을 건 싸움을 이르는 말 |
| 背恩忘德 | 배은망덕 | 입은 은덕을 저버리고 배반함, 또는 그런 태도가 있음 |
| 百家爭鳴 | 백가쟁명 | 많은 학자나 논객이 거리낌없이 자유로이 논쟁하는 일 |
| 百計無策 | 백계무책 | 온갖 계책이 다 소용없음 |
| 白骨難忘 | 백골난망 | 죽어 백골이 된다 해도 은혜를 잊을 수 없음 |
| 百年大計 | 백년대계 | 먼 앞날까지 내다보고 걸쳐 세우는 큰 계획 |
| 百年河淸 | 백년하청 | 황허 강의 물이 맑기를 기다린다는 뜻으로, 아무리 바라고 기다려도 실현될 가망이 없음 |
| 白頭如新 | 백두여신 | 오랫동안 사귀어온 사이나 서로간의 정이 두텁지 못함 |

| 伯樂一顧 | 백락일고 | 현명한 사람일지라도 자기를 알아주는 사람을 만나야 출세할 수 있음 |
| 白龍魚服 | 백룡어복 | 흰 용이 물고기 옷을 입었다는 뜻으로, 신분이 높은 사람이 남 몰래 나다님을 이르는 말 |
| 百萬大軍 | 백만대군 | 아주 많은 병사로 조직된 군대 |
| 百萬長者 | 백만장자 | 재산이 아주 많은 사람 |
| 白面書生 | 백면서생 | 글만 읽고 세상일에는 경험이 없는 사람 |
| 百發百中 | 백발백중 | 쏘기만 하면 다 맞춤 |
| 白手乾達 | 백수건달 | 돈 한푼 없이 빈둥거리며 놀고 먹는 건달 |
| 白衣民族 | 백의민족 | 예부터 흰옷을 즐겨 입은 '한민족'을 가리키는 말 |
| 百戰老將 | 백전노장 | 수많은 싸움을 치른 노련한 장수 |
| 百戰百勝 | 백전백승 | 백 번 싸워 백 번 이긴다는 뜻으로, 싸울 때마다 이김 |
| 百折不掘 | 백절불굴 | 어떠한 난관에도 결코 굽히지 않음 |
| 伯仲之間 | 백중지간 | 큰 차이가 없는 형세라는 뜻으로, 몹시 어렵고 위태로운 지경을 이르는 말 |
| 伯仲之勢 | 백중지세 | 세력이 엇비슷해 우열을 가릴 수 없는 형세 |

| 百八煩惱 | 백팔번뇌 | 불교에서 이르는 백팔 가지의 번뇌 |
| 百害無益 | 백해무익 | 해롭기만 하고 조금도 이로울 것이 없음 |
| 百花齊放 | 백화제방 | 많은 꽃이 일제히 핌 [학문이나 예술, 사상 등이 개방되어 발표됨을 이르는 말] |
| 變法自疆 | 변법자강 | 낡은 법을 고치어 스스로 나라를 강하게 함 |
| 別有天地 | 별유천지 | 딴 세상 |
| 兵家常事 | 병가상사 | 이기고 지는 일은 전쟁에서 흔히 있는 일이라는 뜻으로, 한 번의 실패에 절망하지 말라는 뜻 |
| 報怨以德 | 보원이덕 | 원한을 덕으로 갚음 |
| 伏地不動 | 복지부동 | 마땅히 해야 할 일을 하지 않고 몸을 사림 |
| 封庫罷職 | 봉고파직 | 옛날, 어사나 감사가 부정을 저지른 원을 파면시키고 관고를 봉하여 잠그던 일 |
| 父母奉養 | 부모봉양 | 부모를 받들어 모심 |
| 父母兄弟 | 부모형제 | 아버지, 어머니, 형, 아우 등 가족을 이르는 말 |
| 富國強兵 | 부국강병 | 나라의 경제를 넉넉하게 하고 군사력을 튼튼하게 하는 것 |
| 夫婦有別 | 부부유별 | 부부 사이에는 지켜야 할 인륜의 도리가 |

|  |  | 있음 |
| --- | --- | --- |
| 夫爲婦綱 | 부위부강 | 남편은 아내의 모범이 되어야 함 |
| 父爲子綱 | 부위자강 | 아버지는 아들의 모범이 되어야 함. 부모는 자식에게 모범이 되어야 함 |
| 父子有親 | 부자유친 | 아버지와 아들 사이의 도는 친애에 있음 |
| 父傳子傳 | 부전자전 | 대대로 아버지가 아들에게 전함 |
| 不知其數 | 부지기수 | 그 수를 알 수 없을 만큼 아주 많음 |
| 不知不識間 | 부지불식간 | 알지 못하는 사이 |
| 夫唱婦隨 | 부창부수 | 남편이 주장하고 아내가 이에 따른다는 말로, 가정에서 부부 화합의 도리를 이름 |
| 附和雷同 | 부화뇌동 | 우렛소리에 맞춰 함께한다는 말로, 자신의 뚜렷한 소신 없이 남의 의견이나 행동에 덩달아 따름을 이름 |
| 北窓三友 | 북창삼우 | 거문고, 술, 시를 함께 이르는 말 |
| 焚書坑儒 | 분서갱유 | 진시황이 정치 비판을 금할 목적으로 책을 불사르고 학자를 산 채로 구덩이에 묻어 죽인 일 |
| 不可思議 | 불가사의 | 사람의 생각으로는 헤아릴 수 없이 이상하고 야릇함 |
| 不可抗力 | 불가항력 | 사람의 힘으로는 어찌할 수 없는 힘이나 |

사태

| | | |
|---|---|---|
| 不俱戴天 | 불구대천 | 한 하늘 아래에서 같이 살 수 없는 원수 |
| 不老長生 | 불로장생 | 늙지 않고 오래 삶 |
| 不立文字 | 불립문자 | 불도의 깨달음은 마음에서 마음으로 전해지는 것이지, 문자나 말로 전해지는 것이 아니라는 말 |
| 不問可知 | 불문가지 | 묻지 않아도 알 수 있음 |
| 不問曲直 | 불문곡직 | 옳고 그름을 묻지 않음 |
| 不要不急 | 불요불급 | 필요하지도 급하지도 않음 |
| 不遠千里 | 불원천리 | 천 리 길도 멀다 하지 않는다는 뜻으로, 먼길인데도 개의하지 않고 열심히 달려감을 이르는 말 |
| 不忍之心 | 불인지심 | 인정상 차마 하지 못하는 마음 |
| 不撤晝夜 | 불철주야 | 밤낮을 가리지 않고 어떤 일을 계속 함 |
| 不肖小子 | 불초소자 | 부모의 덕을 닮지 못한 자식, 즉 못난 사람을 이르는 말 |
| 不恥下問 | 불치하문 | 아랫사람에게 묻기를 부끄러워하지 않음 |
| 不偏不黨 | 불편부당 | 공평하여 어느 한쪽으로 치우치지 않음 |
| 朋友有信 | 붕우유신 | 벗 사이의 도리는 믿음에 있음 |

| | | |
|---|---|---|
| 非夢似夢 | 비몽사몽 | 완전하게 잠이 들지도 깨지도 않은 어렴풋한 상태 |
| 悲憤慷慨 | 비분강개 | 의롭지 못한 일이나 잘못된 세태 등에 대해 슬프고 분하여 의분이 복받침 |
| 非一非再 | 비일비재 | 한두 번이나 한둘이 아님 |
| 氷山一角 | 빙산일각 | 아주 많은 것 중에 조그마한 부분 |
| 氷炭之間 | 빙탄지간 | 성질이 반대여서 전혀 어울릴 수 없는 사이 |
| 四顧無親 | 사고무친 | 사방을 돌아보아도 친척이 없다, 즉 의지할 만한 사람이 도무지 없음 |
| 四苦八苦 | 사고팔고 | 인간의 온갖 고통과 괴로움 |
| 事君以忠 | 사군이충 | 충성으로 임금을 섬김 |
| 士氣衝天 | 사기충천 | 싸움에 나아간 군사의 사기가 하늘을 찌를 듯함 |
| 士農工商 | 사농공상 | 선비, 농부, 장인, 상인을 이르는 말 |
| 事大交隣 | 사대교린 | 큰 나라는 섬기고 작은 나라와는 사이좋게 관계를 유지하는 외교 방법 |
| 四面春風 | 사면춘풍 | 누구에게나 좋게 대하는 일 |
| 斯文亂賊 | 사문난적 | 유교 사상에 어긋나는 언행을 하는 사람 |

| 四方八方 | 사방팔방 | 모든 방향이나 방면 |
| 四分五裂 | 사분오열 | 1. 여러 갈래로 갈기갈기 찢어짐  2. 여러 갈래로 분열되어 질서가 없어짐 |
| 事事件件 | 사사건건 | 모든 일 |
| 沙上樓閣 | 사상누각 | 모래 위에 세운 누각이라는 뜻으로, 기초가 튼튼하지 못하여 무너지기 쉬운 헛된 것 |
| 死生決斷 | 사생결단 | 죽기를 각오하고 끝장을 내려고 대듦 |
| 捨生取義 | 사생취의 | 목숨을 버리고 의를 좇는다는 뜻으로, 목숨을 버리더라도 옳은 일을 함을 이르는 말 |
| 四書三經 | 사서삼경 | 사서는 논어, 맹자, 대학, 중용이고 삼경은 시경, 서경, 역경으로 이를 함께 이르는 말 |
| 事實無根 | 사실무근 | 사실이라는 근거가 없음 |
| 辭讓之心 | 사양지심 | 겸손하게 남에게 사양하는 마음 [사람의 본성에서 우러나오는 네 가지 마음씨 중 하나] |
| 四柱單子 | 사주단자 | 정혼 후 신랑집에서 신랑의 사주를 적어 신붓집에 보내는 간지 |
| 四柱八字 | 사주팔자 | 태어난 연, 월, 일, 시와 그에 따른 간지 |

여덟 글자를 함께 이르는 말

| | | |
|---|---|---|
| 事親以孝 | 사친이효 | 세속 오계의 하나로, 어버이를 효도로써 섬겨야 한다는 계율 |
| 四通五達 | 사통오달 | 도로나 교통망, 통신망 등이 막힘없이 사방으로 통함 |
| 四通八達 | 사통팔달 | 길이나 통신망, 교통망이 사방으로 막힘없이 통함 |
| 殺生有擇 | 살생유택 | 함부로 살생하지 말고 가려서 해야 함 |
| 事必歸正 | 사필귀정 | 모든 일은 반드시 바른 길로 돌아감 |
| 四海兄弟 | 사해형제 | 온 세상 사람이 다 형제와 같다는 뜻으로, 친밀함을 이르는 말 |
| 山林綠化 | 산림녹화 | 나무를 심거나 산림 보호 등으로 산을 푸르게 가꾸는 일 |
| 山紫水明 | 산자수명 | 산수의 경치가 썩 아름다움 |
| 山戰水戰 | 산전수전 | 산에서의 싸움과 물에서의 싸움이라는 뜻으로, 세상의 온갖 고난을 다 겪어 경험이 많음을 이르는 말 |
| 山川草木 | 산천초목 | 산과 내와 풀과 나무 |
| 山海珍味 | 산해진미 | 산과 바다에서 나는 온갖 진귀한 재료로 만든, 맛이 좋은 음식 |

| 殺身成仁 | 살신성인 | 자기의 몸을 희생하여 인(仁)을 이룸. 옳은 일을 위하여 자기 몸을 희생함 |
| --- | --- | --- |
| 三綱五倫 | 삼강오륜 | 유교의 가장 기본이 되는 원칙 |
| 三顧草廬 | 삼고초려 | 인재를 맞아들이기 위하여 끈기있게 노력함을 비유하여 이르는 말 |
| 森羅萬象 | 삼라만상 | 우주 속에 존재하는 온갖 사물과 모든 현상 |
| 三三五五 | 삼삼오오 | 서너 사람 또는 대여섯 사람이 떼를 지어 다니거나 어떤 일을 함 |
| 三水甲山 | 삼수갑산 | 지세가 험하고 교통이 나빠 가기 어려운 곳이라는 뜻으로, 몹시 어려운 지경을 이르는 말 |
| 三旬九食 | 삼순구식 | 서른 날에 아홉 끼니밖에 못 먹는다는 뜻으로, 가난하여 끼니를 많이 거름을 이르는 말 |
| 三十六計 | 삼십육계 | 형편이 불리할 때 달아나는 일을 속되게 이르는 말 |
| 三位一體 | 삼위일체 | 세 가지 것이 하나로 통일되는 일 |
| 三人成虎 | 삼인성호 | 근거없는 말이라도 여러 사람이 말하면 곧이듣게 됨을 이르는 말 |
| 三從之道 | 삼종지도 | 어려서는 아버지, 결혼해서는 남편, 남편 |

이 죽으면 아들을 따라야 한다는 여자의 도리

| 三尺童子 | 삼척동자 | 키가 석 자밖에 되지 않는 아이라는 뜻으로, 철부지 어린아이를 이르는 말 |
| 三遷之敎 | 삼천지교 | 맹자의 어머니를 아들을 교육시키기 위해 세 번 이사함을 이르는 말 |
| 三寒四溫 | 삼한사온 | 사흘 동안 춥고 나흘 동안 따뜻함 |
| 傷弓之鳥 | 상궁지조 | 한 번 화살에 맞은 새는 구부러진 나무만 보아도 놀람 |
| 相扶相助 | 상부상조 | 서로서로 도움 |
| 桑田碧海 | 상전벽해 | 뽕나무 밭이 푸른 바다가 된다는 말로, 세상의 변화가 심하거나 인생이 덧없음 |
| 霜風高節 | 상풍고절 | 곤경에 처하여도 굽히지 않는 서릿발 같은 높은 절개 |
| 上下左右 | 상하좌우 | 위, 아래, 왼쪽, 오른쪽, 즉 모든 방향을 이르는 말 |
| 上行下效 | 상행하효 | 윗사람이 하는 일을 아랫사람이 본받음 |
| 塞翁之馬 | 새옹지마 | 변방에 사는 노인의 말 세상 만사가 변화가 많아 어느 것이 화(禍)가 되고, 어느 것이 복(福)이 될지 예측하기 어렵다는 말. 인생의 '길·흉·화·복'은 늘 바뀌 |

|  |  | 어 변화가 많음 |
| --- | --- | --- |
| 生年月日 | 생년월일 | 태어난 연, 월, 일 |
| 生老病死 | 생로병사 | 사람이 나고, 늙고, 병들고, 죽는 네 가지 고통 |
| 生面不知 | 생면부지 | 이전에 만나 본 일이 없어 전혀 모르는 사람 |
| 生不如死 | 생불여사 | 삶이 죽음만 못하다는 뜻으로, 몹시 곤란한 지경에 빠져 있음을 이르는 말 |
| 生死苦樂 | 생사고락 | 삶과 죽음, 괴로움과 즐거움을 모두 나타내는 말 |
| 生而知之 | 생이지지 | 배우지 않아도 스스로 깨달음 |
| 先見之明 | 선견지명 | 앞을 내다보는 안목. 장래를 미리 예측하는 날카로운 견식 |
| 先公後私 | 선공후사 | 공적인 일을 먼저 하고 사사로운 일을 뒤로 미룸 |
| 善男善女 | 선남선녀 | 착하고 어진 사람들 |
| 善因善果 | 선인선과 | 착한 일을 하면 반드시 좋은 결과가 따름 |
| 仙姿玉質 | 선자옥질 | 몸과 마음이 매우 아름다운 사람을 이르는 말 |
| 雪上加霜 | 설상가상 | 눈 위에 또 서리가 덮인 격. 어려운 일이 |

연거푸 일어남

| | | |
|---|---|---|
| 說往說來 | 설왕설래 | 일의 시비를 따지느라 서로 옥신각신함 |
| 世界平和 | 세계평화 | 전 세계가 평온하고 화목함 |
| 世上萬事 | 세상만사 | 세상에서 일어나는 모든 일 |
| 世俗五戒 | 세속오계 | 세속에서 지켜야 할 다섯 가지 계율로, 사군이충, 사친이효, 교우이신, 임전무퇴, 살생유택을 이르는 말 |
| 歲時風俗 | 세시풍속 | 옛부터 해마다 행해지는 전통적 행사 |
| 歲寒三友 | 세한삼우 | 추운 겨울의 세 벗이라는 뜻으로 추위에 잘 견디는 소나무, 대나무, 매화나무를 함께 이르는 말 |
| 歲寒松柏 | 세한송백 | 군자는 역경에 처하여도 지조와 절개를 지켜 변하지 않음 |
| 少年時節 | 소년시절 | 아동기를 벗어난 미성년의 시절 |
| 小貪大失 | 소탐대실 | 작은 것을 탐내다가 큰 것을 잃음 |
| 束手無策 | 속수무책 | (손이 묶인 듯이) 어찌할 도리가 없어 꼼짝 못함 |
| 速戰速決 | 속전속결 | 싸움을 오래 끌지 않고 빨리 끝장을 냄 |
| 送舊迎新 | 송구영신 | 묵은해를 보내고 새해를 맞음 |

| 松都三絶 | 송도삼절 | 조선 시대에 서화담, 황진이, 박연폭포를 개성의 뛰어난 세 가지라 하여 이르던 말 |
| 首丘初心 | 수구초심 | 여우가 죽을 때는 고향쪽으로 머리를 둔다는 데서, 고향을 그리워하는 마음을 비유함 |
| 隨機應辯 | 수기응변 | 그때그때의 기회에 따라 일을 적절히 처리함 |
| 水落石出 | 수락석출 | 물이 말라 밑바닥의 돌이 드러난다는 뜻으로, 부지런히 학문에 힘씀을 이르는 말 |
| 手不釋卷 | 수불석권 | 손에서 책을 놓지 않고 늘 글을 읽음 |
| 袖手傍觀 | 수수방관 | 팔짱을 끼고 바라만 본다는 뜻으로, 마땅히 해야 할 일을 그대로 버려둠 |
| 修身齊家 | 수신제가 | 자기의 몸을 닦고 집안 일을 잘 다스림 |
| 水魚之交 | 수어지교 | 물과 고기의 사귐. 매우 친밀하게 사귀어 떨어질 수 없는 사이. 주로, 임금과 신하 사이의 친밀함을 이름 |
| 羞惡之心 | 수오지심 | 의롭지 못한 일에 대해 부끄러워하고 미워하는 마음 |
| 守株待兔 | 수주대토 | 나뭇등걸에 걸려 죽은 토끼를 보고, 다시 토끼가 걸리기를 마냥 기다린다는 말로, 달리 변통할 줄 모르고 어리석게 한 가지 |

| | | 만을 내내 고집함 |
|---|---|---|
| 脣亡齒寒 | 순망치한 | 입술이 없으면 이가 시리다는 말로, 이해 관계가 서로 밀접하여 한쪽이 망하면 다른 한쪽도 보전하기 어려움 |
| 乘勝長驅 | 승승장구 | 싸움에 이긴 여세를 타고 계속 몰아침 |
| 是非之心 | 시비지심 | 옳고 그름을 가릴 줄 아는 마음 |
| 視死如生 | 시사여생 | 죽음이 삶과 같아 보인다는 뜻으로, 죽음을 조금도 두려워하지 않음 |
| 是是非非 | 시시비비 | 옳은 것을 옳고 그른 것을 그르다고 하는 일 |
| 始終如一 | 시종여일 | 처음부터 끝까지 한결같이 변함없음 |
| 始終一貫 | 시종일관 | 처음부터 끝까지 똑같은 방침이나 태도로 나감 |
| 食少事煩 | 식소사번 | 먹는 것(생기는 소득)은 적은데 하는 일은 많음 |
| 識字憂患 | 식자우환 | 글자를 아는 것이 오히려 근심이 된다는 말로, 알기는 알아도 똑바로 잘 알고 있지 못하기 때문에, 그 지식이 오히려 걱정거리가 됨 |
| 信賞必罰 | 신상필벌 | 상을 줄 만한 사람에게는 꼭 상을 주고, 벌을 줄 만한 사람에게는 꼭 벌을 준다는 |

| | | |
|---|---|---|
| | | 뜻으로, 상과 벌을 공정하고 엄중하게 함 |
| 身言書判 | 신언서판 | 사람됨을 판단하는 네 가지 기준으로, 몸, 말씨, 문필, 판단력을 말함 |
| 新陳代謝 | 신진대사 | 묵은 것이 없어지고 새것이 대신 생기는 일 |
| 神出鬼沒 | 신출귀몰 | 귀신처럼 자유자재로 나타났다 사라졌다 함 |
| 身土不二 | 신토불이 | 몸과 태어난 땅은 하나라는 뜻으로, 제 땅에서 산출된 것이라야 체질에 잘 맞는다는 말 |
| 實事求是 | 실사구시 | 사실에 토대를 두어 진리를 탐구하는 일 |
| 心機一轉 | 심기일전 | 어떤 계기로 인하여 이제까지 가졌던 마음가짐을 버리고 완전히 달라짐 |
| 心腹之患 | 심복지환 | 쉽게 고치기 어려운 병 또는 없애기 어려운 우환 |
| 深思熟考 | 심사숙고 | 깊이 생각하고 오래 살핌. 곰곰이 따져 사려깊게 처신함 |
| 深山幽谷 | 심산유곡 | 깊은 산속의 으슥한 골짜기 |
| 十年減壽 | 십년감수 | 수명이 십 년이나 줄 정도로 위험한 일을 겪음 |

| 十年知己 | 십년지기 | 오래 전부터 친하게 사귀어 온 사람 |
| 十常八九 | 십상팔구 | 열에 여덟, 아홉이라는 뜻으로, 거의 예외가 없음을 이르는 말 |
| 十中八九 | 십중팔구 | 열 가운데 여덟이나 아홉이 된다는 뜻으로, 거의 예외없이 그러할 것이라는 추측을 나타냄 |
| 十指不動 | 십지부동 | 열 손가락을 꼼짝하지 않는다는 뜻으로, 게을러서 아무 일도 하지 않음 |
| 阿鼻叫喚 | 아비규환 | 참혹한 고통 가운데서 살려달라고 울부짖는 상태 |
| 我田引水 | 아전인수 | 제 논에 물대기. 자기에게만 이롭게 되도록 생각하거나 행동함 |
| 惡事千里 | 악사천리 | 나쁜 일은 그 소문이 멀리까지 금방 알려짐 |
| 惡戰苦鬪 | 악전고투 | 몹시 어렵게 싸움 |
| 安分知足 | 안분지족 | 제 분수를 지키며 만족할 줄 앎 |
| 安貧樂道 | 안빈낙도 | 가난한 생활을 하면서도 편안한 마음으로 지냄 |
| 安心立命 | 안심입명 | 하찮은 일에 흔들리지 않는 경지 |
| 安居危思 | 안거위사 | 편안할 때에 어려움이 닥칠 것을 미리 대 |

비함

| 眼下無人 | 안하무인 | 눈 아래 사람이 없다는 뜻으로, 방자하고 교만하여 다른 사람을 업신여김 |
| 暗中摸索 | 암중모색 | 1. 확실한 방법을 모르는 채 이리저리 시도해 봄  2. 남이 보지 않는 가운데 무엇인가를 도모함 |
| 愛國愛族 | 애국애족 | 자기의 나라와 겨레를 사랑함 |
| 愛之重之 | 애지중지 | 매우 사랑하고 소중히 여기는 모양 |
| 藥房甘草 | 약방감초 | 어떤 일에나 빠짐없이 끼여드는 사람이나 사물을 이르는 말 |
| 弱肉強食 | 약육강식 | 약한 것이 강한 것에 먹힘 |
| 羊頭狗肉 | 양두구육 | 양 머리를 걸어놓고 개고기를 판다, 즉 겉은 훌륭해 보이나 속은 그렇지 못함. 선전은 버젓하지만 내실이 따르지 못함 |
| 梁上君子 | 양상군자 | 대들보 위에 있는 군자. 도둑을 점잖게 이르는 말 |
| 兩手兼將 | 양수겸장 | 장기에서 한 수로 두 말이 한꺼번에 장을 부르게 된다는 뜻으로, 두 문제가 맞물려 꼼짝 못함을 이르는 말 |
| 良藥苦口 | 양약고구 | 좋은 약은 입에 쓰다는 뜻으로, 바르게 충고하는 말은 귀에는 거슬리지만 자신을 |

이롭게 한다는 것을 비유함

| | | |
|---|---|---|
| 兩是雙非 | 양시쌍비 | 양쪽의 주장이 다 일리가 있어서 시비를 가리기 어려움 |
| 魚頭肉尾 | 어두육미 | 물고기는 대가리 쪽이 맛이 있고, 짐승 고기는 꼬리 쪽이 맛이 있음 |
| 魚東肉西 | 어동육서 | 제사 음식을 차릴 때, 생선은 동쪽에, 고기는 서쪽에 놓음 |
| 魚魯不辨 | 어로불변 | 어(魚)자와 노(魯)자를 분간하지 못한다는 뜻으로, 아주 무식함을 이르는 말 |
| 漁父之利 | 어부지리 | 둘이 다투고 있는 사이에 엉뚱한 사람이 이익을 가로챔, 또는 그러한 이익 |
| 語不成說 | 어불성설 | 말이 조금도 사리에 맞지 않음 |
| 抑強扶弱 | 억강부약 | 강한 자를 누르고 약한 자를 도움 |
| 億兆蒼生 | 억조창생 | 수많은 백성 |
| 焉敢生心 | 언감생심 | 감히 그런 마음을 먹을 수 없음 |
| 言文一致 | 언문일치 | 실제로 쓰는 말과 그 말을 적은 표현과의 사이에 용어상 차이가 없는 것 |
| 言語道斷 | 언어도단 | 어이가 없어 말로 나타낼 수 없음 |
| 言中有骨 | 언중유골 | 말 속에 뼈가 있다는 뜻으로, 예사로운 말 같으나 그 속에 깊은 속뜻이 들어 있음 |

| | | |
|---|---|---|
| 言行一致 | 언행일치 | 말과 행동이 똑같음 |
| 嚴妻侍下 | 엄처시하 | 아내에게 쥐여사는 사람을 조롱하여 이르는 말 |
| 與世推移 | 여세추이 | 세상의 변화에 따라 함께 변함 |
| 與出一口 | 여출일구 | 여러 사람의 말이 다 같음 |
| 女必從夫 | 여필종부 | 아내는 반드시 남편에게 순종해야 함 |
| 易地思之 | 역지사지 | 처지를 서로 바꾸어 생각함. 상대방의 처지에서 생각함 |
| 年末年始 | 연말연시 | 일 년의 마지막 때와 새해의 시작을 함께 이르는 말 |
| 緣木求魚 | 연목구어 | 나무에 올라가 물고기를 구한다는 뜻으로, 도저히 불가능한 일을 굳이 하려 함을 이르는 말 |
| 連戰連勝 | 연전연승 | 싸울 때마다 계속해서 이김 |
| 年中行事 | 연중행사 | 해마다 일정한 시기를 정하여 놓고 하는 행사 |
| 念不及他 | 염불급타 | 생각이 다른 곳에 미치지 못함 |
| 榮枯盛衰 | 영고성쇠 | 인생이나 사물의 성함과 쇠함이 서로 바뀜 |
| 五車之書 | 오거지서 | 다섯 수레에 실을 만한 책이라는 뜻으로, |

많은 장서를 이르는 말

| 五穀百果 | 오곡백과 | 온갖 곡식과 온갖 과일 |

五里霧中　오리무중　5리에 걸친 짙은 안개 속. 무슨 일에 대하여 방향이나 상황을 알 길이 없음. 일의 갈피를 잡기 어려움

吾鼻三尺　오비삼척　내 코가 석 자. 내 사정이 급하여 남을 돌볼 겨를이 없음

烏飛梨落　오비이락　까마귀 날자 배 떨어진다는 말로, 공교롭게도 어떤 일이 같은 때에 일어나 남의 의심을 받게 됨

傲霜孤節　오상고절　서릿발이 심한 추위 속에서도 굴하지 않고 홀로 꼿꼿하다는 말로, 충신 또는 국화를 비유

五十步百步　오십보백보　조금 낫고 못함의 차이는 있으나 본질적으로는 같음

吳越同舟　오월동주　원수 사이인 오나라 군사와 월나라 군사가 같은 배를 탔다는 고사에서 1 서로 적의를 품은 사람끼리 한 자리에 있거나 같은 처지가 된 것 2 서로 미워하면서도 공통의 어려움이나 이해에 대해서는 협력하는 경우

烏合之卒　오합지졸　까마귀가 모인 것 같은 무리. 질서 없이

| | | |
|---|---|---|
| | | 어중이떠중이가 모인 군중, 또는 제각기 보잘것없는 수많은 사람 |
| 玉骨仙風 | 옥골선풍 | 살빛이 희고 고결하여 신선과 같은 풍채 |
| 屋上架屋 | 옥상가옥 | 지붕 위에 또 지붕을 얹는다는 뜻으로, 부질없이 덧보태어 하는 일 |
| 屋下架屋 | 옥하가옥 | 지붕 아래 또 지붕을 만든다는 뜻으로, 선인들이 이루어 놓은 일이 조금의 발전도 없음을 이르는 말 |
| 溫故知新 | 온고지신 | 옛것을 익히고 그것을 미루어서 새것을 앎 |
| 臥薪嘗膽 | 와신상담 | 원수를 갚거나 어떤 목적을 이루기 위해 괴로움을 참고 견딤 |
| 曰可曰否 | 왈가왈부 | 이러쿵저러쿵 말이 많음 |
| 外柔內剛 | 외유내강 | 겉으로는 부드럽고 순해 보이나 마음속은 단단하고 굳셈 |
| 要領不得 | 요령불득 | 말이나 글의 요령을 잡지 못함 |
| 樂山樂水 | 요산요수 | 산을 좋아하고 물을 좋아한다는 뜻으로, 산수(山水) 경치(景致)를 좋아함을 이르는 말 |
| 搖之不動 | 요지부동 | 흔들어도 조금도 움직이지 않음 |

| 欲速不達 | 욕속부달 | 일을 빨리 하려고 지나치게 서두르면 오히려 더 늦어짐 |
| 勇氣百倍 | 용기백배 | 격려나 응원 따위에 자극을 받아 힘이나 용기를 더 냄 |
| 龍頭蛇尾 | 용두사미 | 머리는 용이나, 꼬리는 뱀. 시작은 거창하나 뒤로 갈수록 흐지부지되어짐 |
| 龍味鳳湯 | 용미봉탕 | 맛이 아주 좋은 음식 |
| 愚公移山 | 우공이산 | 무슨 일이든 꾸준히 노력하면 성공함 |
| 愚問賢答 | 우문현답 | 어리석은 물음에 대한 현명한 대답 |
| 雨順風調 | 우순풍조 | 비가 오고 바람이 부는 것의 때와 양이 알맞음 |
| 右往左往 | 우왕좌왕 | 이리저리 오락가락함. 일을 결정짓지 못하고 망설임 |
| 優柔不斷 | 우유부단 | 어물어물하기만 하고 딱 잘라 결단을 하지 못함. 결단력이 부족함을 이르는 말 |
| 牛耳讀經 | 우이독경 | 쇠귀에 경 읽기라는 뜻으로, 아무리 가르쳐도 알아듣지 못함을 이르는 말 |
| 雨後竹筍 | 우후죽순 | 비온 뒤에 여기저기 솟는 죽순이란 뜻으로, 어떤 일이 일시에 많이 생김을 이르는 말 |

| | | |
|---|---|---|
| 雲泥之差 | 운니지차 | 구름과 진흙의 차이라는 뜻으로, 사정이 크게 다름을 이르는 말 |
| 遠交近攻 | 원교근공 | 먼 나라와 친교를 맺어 가까운 나라를 공격함 |
| 遠禍召福 | 원화소복 | 화를 멀리하고 복을 불러들임 |
| 月下氷人 | 월하빙인 | 부부의 인연을 맺어주는 중매쟁이 |
| 危機一髮 | 위기일발 | 여유가 조금도 없이 매우 절박한 순간 |
| 韋編三絕 | 위편삼절 | 독서에 힘씀 [공자가 주역을 여러 번 읽어 책을 묶은 가죽끈이 세 번이나 끊어졌다는 고사에서 유래] |
| 有口無言 | 유구무언 | 입은 있으나 할 말이 없다는 뜻으로, 잘못에 대한 변명이나 할 말이 없음을 나타냄 |
| 柔能制剛 | 유능제강 | 부드러운 것이 오히려 강한 것을 제압함 |
| 類萬不同 | 유만부동 | 비슷한 것이 많으나 서로 같지는 않음 |
| 有名無實 | 유명무실 | 이름뿐이고 실상은 없음 |
| 有無相通 | 유무상통 | 있는 것과 없는 것을 서로 융통함 |
| 流芳百世 | 유방백세 | 꽃다운 이름이 후세에 길이 전해짐 |
| 有備無患 | 유비무환 | 준비가 있으면 근심할 것이 없음 |
| 唯我獨尊 | 유아독존 | 세상에서 자기만이 잘났다고 뽐내는 일 |

| 類類相從 | 유유상종 | 같은 무리끼리 서로 사귐 |
| --- | --- | --- |
| 悠悠自適 | 유유자적 | 속세를 떠나 아무것에도 얽매이지 않고 자유롭게 마음 편히 삶 |
| 隱忍自重 | 은인자중 | 마음속으로 참으며, 몸가짐을 신중하게 함 |
| 陰德陽報 | 음덕양보 | 남 모르게 덕행을 쌓은 사람은 후에 그 보답을 받게 됨 |
| 吟風弄月 | 음풍농월 | 맑은 바람과 밝은 달을 대하여 시를 지어 읊으며 즐김 |
| 異口同聲 | 이구동성 | 여러 사람의 말이 한결같이 같음 |
| 以卵擊石 | 이란격석 | 달걀로 돌을 친다는 뜻으로, 턱없이 약한 것으로 강한 것을 상대하려는 어리석음을 이르는 말 |
| 以卵投石 | 이란투석 | 달걀로 돌을 친다는 뜻으로, 아주 약한 것으로 강한 것에 대항하는 어리석음을 이르는 말 |
| 耳目口鼻 | 이목구비 | 귀, 눈, 입, 코를 함께 이르는 말 |
| 耳目之慾 | 이목지욕 | 1. 듣고, 보고 싶은 욕망  2. 듣고 봄으로써 생기는 물질에 대한 욕망 |
| 以文會友 | 이문회우 | 학문으로 친구를 사귐 |

| | | |
|---|---|---|
| 以實直告 | 이실직고 | 사실 그대로 고함 |
| 以心傳心 | 이심전심 | 말이나 글을 쓰지 않고 마음에서 마음으로 서로 뜻을 전함 |
| 以熱治熱 | 이열치열 | 열로써 열을 다스림 |
| 利用厚生 | 이용후생 | 편리한 기구 등을 잘 이용하여 살림에 부족함이 없게 함 |
| 二律背反 | 이율배반 | 서로 모순되어 양립할 수 없는 두 명제가 동등한 타당성을 가지고 주장되는 일 |
| 泥田鬪狗 | 이전투구 | 진창에서 싸우는 개.  1.강인한 성격.  2. 볼썽사납게 서로 헐뜯거나 다투는 모양 |
| 理判事判 | 이판사판 | 막다른 데 이르러 어찌 할 수 없는 상황 |
| 二八靑春 | 이팔청춘 | 16세 정도의 젊은이 |
| 離合集散 | 이합집산 | 헤어졌다 모였다 함 |
| 因果應報 | 인과응보 | 좋은 일에는 좋은 결과가, 나쁜 일에는 나쁜 결과가 따름 |
| 引過自責 | 인과자책 | 자기의 잘못을 스스로 깨닫고 반성함 |
| 人面獸心 | 인면수심 | 얼굴은 사람의 모습을 하였으나 마음은 짐승과 같음(남의 은혜를 모름. 마음이 몹시 흉악함. 사람의 도리를 지키지 못하고 배은망덕하거나 행동이 흉악하고 음탕한 |

사람)

| 人命在天 | 인명재천 | 사람이 살고 죽는 것이나 오래 살고 못 살고 하는 것이 다 하늘에 달려 있어 사람으로서는 어찌할 수 없음을 이르는 말 |
| 人事不省 | 인사불성 | 사람으로서 지켜야 할 예절을 차릴 줄 모름 |
| 人死留名 | 인사유명 | 사람은 죽어서 이름을 남김 |
| 人山人海 | 인산인해 | 사람이 아주 많이 모인 상태 |
| 人相着衣 | 인상착의 | 사람의 생김새와 옷차림 |
| 人生無常 | 인생무상 | 인생이 덧없음 |
| 仁者無敵 | 인자무적 | 어진 사람에게는 적이 없음 |
| 人海戰術 | 인해전술 | 많은 사람을 차례로 투입하여 일을 성취하려는 수법 |
| 一刻如三秋 | 일각여삼추 | 짧은 시간이 삼 년같이 느껴진다는 뜻으로, 애타게 기다리는 마음이 몹시 간절함을 이르는 말 |
| 一刻千金 | 일각천금 | 매우 짧은 시간도 천금처럼 귀함 |
| 一擧兩得 | 일거양득 | 한 가지 일을 하여 두 가지 이익을 봄. 일석이조 |
| 日久月深 | 일구월심 | 날이 오래고 달이 깊어 간다는 말로, 세월 |

|  |  |  |
|---|---|---|
|  |  | 이 흐를수록 바라는 마음이 더욱 간절해짐 |
| 一口二言 | 일구이언 | 한 입으로 두 말을 한다는 말로, 이랬다저 랬다 말하는 것을 나타냄 |
| 一刀兩斷 | 일도양단 | 한 칼로 쳐서 단번에 두 동강이를 내듯이 머뭇거리지 않고 일이나 행동을 선뜻 결정함 |
| 一網打盡 | 일망타진 | 한번 그물을 쳐서 고기를 다 잡는다는 뜻으로, 어떤 무리를 한꺼번에 모조리 다 잡음을 이르는 말 |
| 一脈相通 | 일맥상통 | 처지, 성질, 생각 등이 어떤 면에서 한 가지로 서로 통함 |
| 一問一答 | 일문일답 | 한 번 물음에 한 번 대답함 |
| 一罰百戒 | 일벌백계 | 여러 사람에게 경각심을 불러 일으키게 하기 위하여 무거운 벌로 다스림 |
| 一絲不亂 | 일사불란 | 질서정연하여 조금도 어지러움이 없음 |
| 一石二鳥 | 일석이조 | 동시에 두 가지 이득을 봄. 일거양득 |
| 一笑一少 | 일소일소 | 한 번 웃으면 한 번 젊어짐 |
| 一心同體 | 일심동체 | 마음을 하나로 합쳐서 한마음 한몸이 됨을 이르는 말 |

| 一魚濁水 | 일어탁수 | 물고기 한 마리가 큰 물을 흐리게 한다는 말로, 한 사람의 악행으로 인하여 여러 사람이 그 해를 받게 되는 것 |
|---|---|---|
| 一言半句 | 일언반구 | 아주 짧은 말이나 글귀 |
| 一葉知秋 | 일엽지추 | 조그마한 일을 가지고 장차 올 일을 미리 짐작함 |
| 一葉片舟 | 일엽편주 | 나뭇잎처럼 작은 배 |
| 一以貫之 | 일이관지 | 하나의 이치로서 모든 것을 꿰뚫음 |
| 一日三省 | 일일삼성 | 하루에 세 번씩 자신을 되돌아보고 살펴 반성함 |
| 一日三秋 | 일일삼추 | 하루가 삼 년 같다는 뜻으로, 매우 지루하거나 혹은 애태우며 기다리는 것을 비유하는 말 |
| 一字無識 | 일자무식 | 글자를 한 자도 모를 정도로 무식함 |
| 一字千金 | 일자천금 | 한 글자에 천금의 가치가 있다는 뜻으로, 글씨나 문장이 아주 훌륭함을 이르는 말 |
| 一長一短 | 일장일단 | 장점도 있고 단점도 있음 |
| 一場春夢 | 일장춘몽 | 한바탕의 봄꿈이란 뜻으로 헛된 영화나 덧없는 일을 이름 |
| 一朝一夕 | 일조일석 | 하루 아침과 하루 저녁, 즉 짧은 시일을 |

이르는 말

| | | |
|---|---|---|
| 一進一退 | 일진일퇴 | 한번 앞으로 나아갔다 한번 뒤로 물러섰다 함 |
| 一觸卽發 | 일촉즉발 | 금방이라도 일이 크게 터질 듯한 아슬아슬한 긴장 상태 |
| 一寸光陰 | 일촌광음 | 아주 짧은 시간 |
| 日就月將 | 일취월장 | 나날이 다달이 발전함 |
| 一致團結 | 일치단결 | 여럿이 마음을 합쳐 하나로 뭉게 뭉침 |
| 一波萬波 | 일파만파 | 하나의 물결이 수많은 물결이 된다는 뜻으로, 하나의 사건이 여러 가지로 자꾸 확대되는 것을 이르는 말 |
| 一片丹心 | 일편단심 | 한 조각의 붉은 마음이라는 뜻으로, 변치 않는 참된 마음을 이르는 말 |
| 一筆揮之 | 일필휘지 | 글씨를 단숨에 힘차고 시원하게 죽 써 내려감 |
| 一喜一悲 | 일희일비 | 기쁜 일과 슬픈 일이 번갈아 일어남 |
| 臨機應變 | 임기응변 | 그때그때의 형편에 따라 알맞게 일을 처리함 |
| 臨戰無退 | 임전무퇴 | 전쟁에 나가서는 물러서지 않음 |
| 立身揚名 | 입신양명 | 1. 사회적으로 인정을 받고 출세하여 이 |

름을 세상에 드날림  2. 후세에 이름을 떨쳐 부모를 영광되게 함

| | | |
|---|---|---|
| 入身出世 | 입신출세 | 성공하여 세상에 이름을 날림 |
| 自強不息 | 자강불식 | 스스로 힘쓰며 쉬지 않음 |
| 自古以來 | 자고이래 | 옛날부터 지금까지 |
| 自激之心 | 자격지심 | 자기가 일을 해놓고, 그 일에 대하여 스스로 미흡하게 여기는 마음 |
| 自給自足 | 자급자족 | 자기에게 필요한 것을 자기가 생산하여 충당함 |
| 自己滿足 | 자기만족 | 자신이나 자기가 한 일에 대해 스스로 만족하게 여김 |
| 自問自答 | 자문자답 | 스스로 묻고 스스로 대답함 |
| 子孫萬代 | 자손만대 | 오래도록 내려오는 여러 대 |
| 自手成家 | 자수성가 | 물려받은 재산 없이 스스로의 힘으로 일가(一家)를 이룸 |
| 自業自得 | 자업자득 | 자기가 저지른 일의 결과를 자기가 받음 |
| 自由自在 | 자유자재 | 자기 마음대로 할 수 있음 |
| 子子孫孫 | 자자손손 | 자손의 여러 대. 대대손손 |
| 自中之亂 | 자중지란 | 한패 속에서 일어나는 싸움질 |

| 自初至終 | 자초지종 | 처음부터 끝까지의 과정 |
| 自暴自棄 | 자포자기 | 스스로 자기 몸을 해치고 자기 몸을 버림 |
| 自畫自讚 | 자화자찬 | 자기가 그린 그림을 자기가 칭찬한다는 말로, 스스로 자랑함을 이르는 말 |
| 作心三日 | 작심삼일 | 마음먹은 지 삼 일이 못 간다는 말로, 결심이 얼마 되지 않아 흐지부지된다는 말 |
| 張三李四 | 장삼이사 | 이름이나 신분이 특별하지 않은 평범한 사람들을 이르는 말 |
| 長幼有序 | 장유유서 | 어른과 아이 사이에는 엄격한 차례와 질서가 있음 |
| 賊反荷杖 | 적반하장 | 도둑이 도리어 매를 든다는 뜻으로, 잘못한 사람이 도리어 잘한 사람을 나무람을 이르는 말 |
| 積小成大 | 적소성대 | 작은 것도 많이 쌓이면 큰 것을 이룸 |
| 赤手成家 | 적수성가 | 가진 것 없이 시작하여 자기 스스로의 힘으로 한 살림을 이룸 |
| 適者生存 | 적자생존 | 환경에 적응하는 생물만이 살아 남고, 그렇지 못한 것은 도태되어 멸망하는 것 |
| 適材適所 | 적재적소 | 어떤 일에 알맞은 재능을 가진 사람에게 알맞은 임무를 맡김 |

| 積塵成山 | 적진성산 | 티끌 모아 태산이라는 뜻으로, 아무리 작은 것도 쌓이면 큰 덩어리가 됨을 이르는 말 |
| 積土成山 | 적토성산 | 흙이 쌓여 산이 된다는 뜻으로, 작은 것도 모이면 커짐을 이르는 말 |
| 電光石火 | 전광석화 | 번갯불이나 부싯돌의 불이 번쩍이는 것처럼, 일이 매우 빠른 것을 가리키는 말 |
| 前代未聞 | 전대미문 | 이제까지 들어본 적이 없는 일 |
| 前途洋洋 | 전도양양 | 앞길이 환하게 열려 희망이 가득 차 있음 |
| 前無後無 | 전무후무 | 전에도 없었고 앞으로도 있을 수 없음 |
| 全心全力 | 전심전력 | 온 마음과 온 힘 |
| 戰戰兢兢 | 전전긍긍 | 몹시 두려워 벌벌 떨며 조심함 |
| 全知全能 | 전지전능 | 어떠한 것도 다 알고, 모든 일을 다 행할 수 있는 능력 |
| 轉禍爲福 | 전화위복 | 화가 바뀌어 오히려 복이 된다는 말로, 어떤 불행한 일이라도 끊임없는 노력과 강인한 의지로 힘쓰면 불행을 행복으로 바꾸어 놓을 수 있음 |
| 絕世佳人 | 절세가인 | 매우 뛰어난 미인 |
| 切齒腐心 | 절치부심 | 몹시 분하여 이를 갈며 속을 썩임 |

| 漸入佳境 | 점입가경 | 가면 갈수록 경치가 아름다워진다는 말로, 일이 점점 더 재미있는 지경으로 돌아가는 것 |
| 正正堂堂 | 정정당당 | 태도나 처지가 바르고 떳떳함 |
| 井中之蛙 | 정중지와 | 우물 안의 개구리란 뜻으로, 식견이 좁은 사람을 이르는 말 |
| 濟世安民 | 제세안민 | 세상을 구제하여 백성을 편안하게 함 |
| 諸子百家 | 제자백가 | 중국 춘추 전국 시대의 여러 학파를 통틀어 이르는 말 |
| 朝令暮改 | 조령모개 | 아침에 영을 내리고 저녁에 다시 고친다는 말로, 법령이나 명령이 자주 뒤바뀜 |
| 朝名市利 | 조명시리 | 명예는 조정에서 이익은 시장에서 다투라는 뜻으로, 무슨 일이든 적당한 곳에서 해야 함을 이르는 말 |
| 朝變夕改 | 조변석개 | 아침저녁으로 고친다는 뜻으로, 계획이나 결정을 자주 고치는 것을 가리킴 |
| 朝三暮四 | 조삼모사 | 아침에 세 개, 저녁에 네 개라는 뜻으로 1. 당장 눈앞에 나타나는 차별만을 알고 그 결과가 같은 것을 모르는 것  2. 간사한 꾀를 써서 남을 속임 |
| 鳥足之血 | 조족지혈 | 새발의 피라는 뜻으로 1. 극히 적은 분량 |

을 말함  2. 아주 적어서 비교가 안 됨  3. 물건이 아주 작은 것

| | | |
|---|---|---|
| 足脫不及 | 족탈불급 | 맨발로 뛰어도 미치지 못함을 이르는 말로, 능력이나 역량이 현저히 떨어짐을 이르는 말 |
| 存亡之秋 | 존망지추 | 죽느냐 사느냐의 절박한 상황 |
| 種豆得豆 | 종두득두 | 콩 심은 데 콩 난다 |
| 縱橫無盡 | 종횡무진 | 행동이 마음 내키는 대로 자유자재임 |
| 坐不安席 | 좌불안석 | (불안하거나 걱정스러워) 한 곳에 오래 앉아 있지 못함 |
| 坐井觀天 | 좌정관천 | 우물 속에 앉아 하늘을 본다는 말로, 견문이 썩 좁음을 뜻함 |
| 左之右之 | 좌지우지 | 제 마음대로 다루거나 휘두름 |
| 左衝右突 | 좌충우돌 | 1. 닥치는 대로 마구 치고받고 함  2. 분별 없이 아무에게나 함부로 맞닥뜨림 |
| 主客一體 | 주객일체 | 주체와 객체가 하나가 됨 |
| 晝耕夜讀 | 주경야독 | 낮에는 농사짓고 밤에는 책을 읽으며 어렵게 공부함 |
| 走馬看山 | 주마간산 | 달리는 말 위에서 강산을 구경한다는 뜻으로, 대강대강 보고 지나침을 이르는 말 |

| 走馬燈 | 주마등 | 무엇이 언뜻언뜻 빨리 지나감을 이르는 말 |
| 晝夜長川 | 주야장천 | 밤낮으로 쉬지 않고. 언제나 |
| 酒池肉林 | 주지육림 | 술이 못을 이루고 고기가 수풀을 이룬다는 말로, 매우 호화스럽고 방탕한 생활을 이름 |
| 竹馬故友 | 죽마고우 | 어릴 때부터 같이 자라며 놀던 벗 |
| 衆寡不敵 | 중과부적 | 1. 적은 수효로 많은 수효를 대적하지 못함  2. 적은 사람으로는 많은 사람을 이기지 못함 |
| 衆口難防 | 중구난방 | 뭇사람의 여러 의견을 하나하나 받아넘기기 어려움 |
| 中原逐鹿 | 중원축록 | 군웅들이 제왕의 지위를 얻기 위해 다툼 |
| 知過必改 | 지과필개 | 자기의 잘못을 알면 반드시 고쳐야 함 |
| 芝蘭之交 | 지란지교 | 지초와 난초와 같은 향기로운 사귐이란 뜻으로, 벗 사이의 맑고 높은 사귐을 이르는 말 |
| 指鹿爲馬 | 지록위마 | 사슴을 가리켜 말이라고 한다는 말로, 사실이 아닌 것을 사실로 만들어 강압으로 인정하게 됨. 웃사람을 농락하여 권세를 마음대로 함 |

| 支離滅裂 | 지리멸렬 | 갈가리 흩어지고 찢기어 갈피를 잡을 수 없게 됨 |
| 知命之年 | 지명지년 | 쉰 살[공자가 나이 쉰 살에 천명(天命)을 알았다는 데서 나온 말] |
| 至上命令 | 지상명령 | 절대 복종해야 하는 명령 |
| 地上天國 | 지상천국 | 자유롭고 풍족하고 행복한 사회 |
| 至誠感天 | 지성감천 | 지극한 정성에 하늘이 감동함 |
| 指天射魚 | 지천사어 | 하늘을 보고 고기를 쏜다는 뜻으로, 되지 않을 일을 무리하게 하려는 것을 이르는 말 |
| 知彼知己 | 지피지기 | 적의 사정과 나의 사정을 자세히 앎 |
| 志學之年 | 지학지년 | 학문에 뜻을 두는 나이라는 뜻으로, 열다섯 살을 이르는 말 |
| 知行一致 | 지행일치 | 아는 것과 실행하는 것이 일치함 |
| 知行合一 | 지행합일 | 지식과 행동이 서로 맞음 |
| 指呼之間 | 지호지간 | 손짓하여 부르면 대답할 수 있을 만큼의 가까운 거리 |
| 盡忠報國 | 진충보국 | 충성을 다하여 나라의 은혜를 갚음 |
| 進退兩難 | 진퇴양난 | 이러지도 저러지도 못 하는 어려운 처지 |

| | | |
|---|---|---|
| 進退維谷 | 진퇴유곡 | 앞뒤가 모두 골짜기뿐이라는 뜻으로, 꼼짝할 수 없는 궁지에 빠짐을 이르는 말 |
| 此日彼日 | 차일피일 | 약속이나 기한 등을 미적미적 미루는 모양 |
| 滄海一粟 | 창해일속 | 넓고 큰 바다 속의 좁쌀 한 알이란 뜻으로, 아주 많거나 넓은 것 가운데 하찮고 작은 것을 이르는 말 |
| 天高馬肥 | 천고마비 | 하늘은 높고 말은 살찜, 곧 가을철을 이르는 말 |
| 千軍萬馬 | 천군만마 | 천 명의 군사와 만 마리의 군마라는 뜻으로, 많은 군사와 말을 가리키는 말 |
| 千慮一得 | 천려일득 | 어리석은 사람일지라도 많은 생각을 하다 보면 한 가지쯤은 좋은 생각을 얻음 |
| 千慮一失 | 천려일실 | 지혜로운 사람도 많은 생각 가운데는 실책이 있을 수 있음 |
| 千里眼 | 천리안 | 천 리 밖의 것을 볼 수 있다는 뜻으로, 사물을 꿰뚫어 볼 수 있는 뛰어난 관찰력을 이르는 말 |
| 千萬多幸 | 천만다행 | 매우 다행함 |
| 天方地軸 | 천방지축 | 못난 사람이 종작없이 덤벙대는 일 |
| 千變萬化 | 천변만화 | 끝없이 변화함 |

| 天生緣分 | 천생연분 | 하늘에서 태어날 때부터 정해준 연분 |
| --- | --- | --- |
| 千辛萬苦 | 천신만고 | 온갖 어려움, 또는 그것을 겪음 |
| 天壤之差 | 천양지차 | 하늘과 땅처럼 큰 차이. 사물이 서로 엄청나게 다름 |
| 天壤之判 | 천양지판 | 하늘과 땅처럼 큰 차이라는 뜻으로, 사물이 서로 엄청나게 다름을 이르는 말 |
| 天佑神助 | 천우신조 | 하늘과 신의 도움 |
| 天衣無縫 | 천의무봉 | 천사의 옷은 꿰맨 흔적이 없다는 뜻으로, 문장이 훌륭하여 손댈 곳이 없을 만큼 잘 되었음을 이르는 말 |
| 天人共怒 | 천인공노 | 하늘과 사람이 함께 노한다는 뜻으로, 누구나 분노가 참을 수 없을 만큼 증오스럽거나 도저히 용납할 수 없음을 이르는 말 |
| 天長地久 | 천장지구 | 하늘과 땅은 영원히 변치 않음 |
| 千載一遇 | 천재일우 | 천 년에 한 번 만난다는 말로, 좀처럼 얻기 어려운 좋은 기회 |
| 天災地變 | 천재지변 | 자연현상으로 일어나는 재앙이나 괴변 |
| 千差萬別 | 천차만별 | 여러 가지 사물이 모두 차이와 구별이 있음 |
| 千態萬象 | 천태만상 | 천 가지 모습과 만 가지 형상이라는 뜻으 |

로, 세상의 모든 사물은 똑같지 않고 각기 다른 모습을 하고 있음을 이르는 말

| 千篇一律 | 천편일률 | 여러 시문의 격조가 비슷하여 개별적 특성이 없음 |
| 天下第一 | 천하제일 | 세상에서 견줄 만한 것이 없음 |
| 徹頭徹尾 | 철두철미 | 처음부터 끝까지 철저하게 |
| 鐵面皮 | 철면피 | 쇠로 만든 낯가죽이라는 뜻으로, 염치가 없고 뻔뻔스러운 사람을 이르는 말 |
| 鐵石肝腸 | 철석간장 | 쇠나 돌같이 굳고 단단한 마음 |
| 徹天之恨 | 철천지한 | 하늘을 뚫을 정도로 사무친 한 |
| 晴耕雨讀 | 청경우독 | 날이 맑을 때는 부지런히 일하고 비가 올 때는 공부를 하여 여가를 헛되이 보내지 않음 |
| 靑山流水 | 청산유수 | 말을 거침없이 잘하는 모양이나 그렇게 하는 말을 비유하여 이르는 말 |
| 靑雲之志 | 청운지지 | 높은 지위에 오르고자 하는 욕망 |
| 靑天白日 | 청천백일 | 환하게 밝은 대낮 |
| 靑出於藍 | 청출어람 | 쪽에서 뽑아낸 푸른 물감이 쪽보다 더 푸르다는 뜻으로, 제자가 스승보다 뛰어남을 이르는 말 |

| 淸風明月 | 청풍명월 | 맑은 바람과 밝은 달이라는 뜻으로, 결백하고 온건한 성격을 비유하여 이르는 말 |
| 草家三間 | 초가삼간 | 세 칸짜리 초가라는 뜻으로, 아주 보잘것없는 집을 이르는 말 |
| 草綠同色 | 초록동색 | 풀빛과 녹색은 같은 빛깔이란 뜻으로, 같은 처지의 사람과 어울리거나 그 쪽으로 기우는 것 |
| 初志不變 | 초지불변 | 처음에 먹은 마음이 끝까지 변하지 않음 |
| 初志一貫 | 초지일관 | 처음에 세운 뜻을 끝까지 밀고 나감 |
| 寸鐵殺人 | 촌철살인 | 촌철로도 사람을 죽인다는 뜻으로, 짧은 경구(警句)로 사람의 마음을 찔러 감동시킴을 이르는 말 |
| 推己及人 | 추기급인 | 자기의 마음으로 미루어 보아 남에게도 그렇게 행동함 |
| 秋風落葉 | 추풍낙엽 | 가을바람에 떨어지는 나뭇잎. 세력이나 형세가 갑자기 기울거나 시듦을 비유하여 이르는 말 |
| 春風秋雨 | 춘풍추우 | 봄바람과 가을비라는 뜻으로, 지나간 세월을 이르는 말 |
| 春夏秋冬 | 춘하추동 | 봄, 여름, 가을, 겨울의 사계절 |
| 出將入相 | 출장입상 | 나가서는 장수가 되고 들어와서는 재상 |

| | | |
|---|---|---|
| | | 이 된다는 뜻으로, 문무를 다 갖추었음을 이르는 말 |
| 忠言逆耳 | 충언역이 | 충직한 말은 귀에 거슬림 |
| 取捨選擇 | 취사선택 | 취할 것은 취하고 버릴 것을 버려서 골라 선택함 |
| 醉生夢死 | 취생몽사 | 술에 취하여 꿈을 꾸다가 죽는다는 뜻으로, 아무 의미나 이룬 일이 없이 한평생을 흐리멍덩히 보냄을 이르는 말 |
| 置之度外 | 치지도외 | 내버려두고 문제삼지 않음 |
| 七去之惡 | 칠거지악 | 지난날, 아내를 내쫓는 이유가 되는 일곱 가지 |
| 七步之才 | 칠보지재 | 일곱 걸음을 걷는 동안에 시를 짓는 재주라는 뜻으로 아주 뛰어난 글재주를 이르는 말 |
| 快刀亂麻 | 쾌도난마 | 어지럽게 뒤얽힌 사물이나 말썽을 단번에 명쾌하게 처리함 |
| 他山之石 | 타산지석 | 다른 산의 돌이라도 자기의 옥(玉)을 가는 데 도움이 된다는 말로, 다른 사람의 하찮은 언행도 자기의 지덕(智德)을 닦는 데 도움이 됨 |
| 卓上空論 | 탁상공론 | 현실성이 없는 허황한 이론이나 논의 |

| 貪官汚吏 | 탐관오리 | 탐욕이 많고 행실이 깨끗하지 못한 벼슬아치 |
| --- | --- | --- |
| 泰山北斗 | 태산북두 | 1. 태산과 북두칠성을 함께 이르는 말  2. 세상 사람들로부터 존경을 받는 뛰어난 인물 |
| 泰然自若 | 태연자약 | 마음에 어떠한 충동을 받아도 움직임이 없이 천연스러움 |
| 破廉恥漢 | 파렴치한 | 부끄러움을 모르는 사람 |
| 破顔大笑 | 파안대소 | 얼굴이 찢어지도록 크게 웃는다는 말로, 즐거운 표정으로 한바탕 크게 웃음 |
| 破竹之勢 | 파죽지세 | 대가 결따라 쪼개질 때와 같은 형세. 감히 대적할 수 없을 정도로 막힘없이 무찔러 나아가는 맹렬한 기세 |
| 八方美人 | 팔방미인 | 1. 여러 방면의 일에 능통한 사람  2. 어느 모로 보나 아름다운 사람 |
| 敗家亡身 | 패가망신 | 집안의 재산을 다 없애고 몸을 망침 |
| 抱腹絶倒 | 포복절도 | 배를 움켜쥐고 기절할 정도로 웃음 |
| 飽食暖衣 | 포식난의 | 따뜻하게 입고 배불리 먹음. 의식에 부족함이 없이 편안하게 지냄 |
| 暴惡無道 | 포악무도 | 매우 사납고 악함 |

| 表裏不同 | 표리부동 | 마음이 음흉맞아서 겉과 속이 다름. 속 다르고 겉 다름 |
| 風樹之嘆 | 풍수지탄 | 부모가 돌아가신 뒤에 효도를 다하지 못한 것을 후회함 |
| 風前燈火 | 풍전등화 | 바람 앞에 등불이란 뜻으로, 사물이 매우 위태로운 처지에 놓여 있음을 이르는 말 |
| 皮骨相接 | 피골상접 | 살가죽과 뼈가 맞붙을 정도로 몹시 마름 |
| 彼此一般 | 피차일반 | 서로가 마찬가지임 |
| 匹夫之勇 | 필부지용 | 평범한 사람의 용기라는 뜻으로, 작은 용기를 이르는 말 |
| 匹夫匹婦 | 필부필부 | 대수롭지 않은 그저 평범한 남녀 |
| 必有曲折 | 필유곡절 | 반드시 무슨 까닭이 있음 |
| 下待歲月 | 하대세월 | 세월을 기다리기가 지루함 |
| 下石上臺 | 하석상대 | 아랫돌을 빼서 윗돌을 괸다는 뜻으로, 임시변통으로 이리저리 둘러맞춤을 이르는 말 |
| 下愚不移 | 하우불이 | 어리석고 못난 사람의 기질은 변하지 않음 |
| 下學上達 | 하학상달 | 낮고 쉬운 지식을 배워 깊고 어려운 이치까지 깨달음 |

| 下厚上薄 | 하후상박 | 아랫사람에게 후하고 윗사람에게는 박함 |
| 何厚何薄 | 하후하박 | 누구에게는 후하고 누구에게는 박하다라는 뜻으로, 차별하여 대우함을 이르는 말 |
| 鶴首苦待 | 학수고대 | 학처럼 목을 빼고 기다림. 몹시 기다림 |
| 漢江投石 | 한강투석 | 한강에 돌 던지기라는 뜻으로, 지나치게 미미하여 아무런 효과가 미치지 않음을 이르는 말 |
| 汗牛充棟 | 한우충동 | 수레에 실으면 소가 땀을 흘리고 집안에 쌓으면 들보까지 찬다는 뜻으로, 장서가 매우 많음을 이르는 말 |
| 閑雲野鶴 | 한운야학 | 한가한 구름과 들의 학이라는 뜻으로 속박을 받지 않고 유유자적하는 처지를 이르는 말 |
| 割半之痛 | 할반지통 | 몸의 반쪽을 베어내는 고통이라는 뜻으로, 형제자매가 죽었을 때의 슬픔을 이르는 말 |
| 割恩斷情 | 할은단정 | 애틋한 사랑을 끊음 |
| 咸興差使 | 함흥차사 | 심부름을 가서 아주 소식이 없거나 더디옴 |
| 恒茶飯事 | 항다반사 | 늘 있는 일 |
| 行動擧止 | 행동거지 | 몸을 움직여 하는 모든 것 |

| 行雲流水 | 행운유수 | 1. 떠가는 구름과 흐르는 물  2. 일의 처리가 자연스럽고 거침이 없음 |
| 向陽花木 | 향양화목 | 햇빛을 잘 받은 꽃나무라는 뜻으로, 크게 잘 될 사람을 이르는 말 |
| 向隅之歎 | 향우지탄 | 좋은 기회를 만나지 못한 것을 한탄함 |
| 虛氣平心 | 허기평심 | 기를 가라앉히고 마음을 편안하게 함 |
| 虛禮虛飾 | 허례허식 | 정성이 없이 겉으로만 번드르르하게 꾸밈, 또는 그런 예절이나 법식 |
| 虛無孟浪 | 허무맹랑 | 거짓되어 터무니없음 |
| 虛張聲勢 | 허장성세 | 실속없이 허세만 부림 |
| 虛虛實實 | 허허실실 | 허를 지르고 실을 꾀하는 계책 |
| 軒軒丈夫 | 헌헌장부 | 이목구비가 반듯하고 풍채가 좋고 의젓해 보이는 남자 |
| 賢母良妻 | 현모양처 | 어진 어머니이면서 착한 아내 |
| 螢雪之功 | 형설지공 | 가난한 사람이 반딧불과 눈빛으로 글을 읽어가며 고생 속에서 공부함을 이름 |
| 形影相同 | 형영상동 | 형체에 따라 그림자가 그대로 나타난다는 뜻으로, 마음먹은 바가 그대로 행동으로 나타남을 이르는 말 |
| 形形色色 | 형형색색 | 모양이나 빛깔 등이 서로 다른 여러 가지 |

| 狐假虎威 | 호가호위 | 여우가 호랑이의 힘을 빌려 뽐내듯, 강한 자의 위세를 빌려 약한 자에게 군림함 |
| 糊口之策 | 호구지책 | 겨우 끼니를 이어가기 위한 방책 |
| 呼父呼兄 | 호부호형 | 아버지를 아버지라 부르고 형을 형이라고 부름 |
| 好事多魔 | 호사다마 | 좋은 일에는 흔히 방해되는 일이 많음 |
| 虎死留皮 | 호사유피 | 호랑이는 죽어서 가죽을 남기는 것과 같이 사람은 죽은 뒤 이름을 남겨야 한다는 뜻 |
| 浩然之氣 | 호연지기 | 1. 하늘과 땅 사이에 가득 찬 넓고 큰 정기 2. 공명정대하여 조금도 부끄럼 없는 용기 3. 잡다한 일에서 벗어난 자유로운 마음 |
| 好衣好食 | 호의호식 | 좋은 옷과 맛있는 음식이라는 뜻으로, 잘 입고 잘 먹는 것을 이르는 말 |
| 胡蝶之夢 | 호접지몽 | 인생의 덧없음 [중국의 장자가 꿈에 나비가 되어 즐겁게 놀았다는 데서 유래] |
| 呼兄呼弟 | 호형호제 | 서로 형이니 아우니 하고 부른다는 뜻으로, 매우 가까운 친구로 지냄 |
| 昏定晨省 | 혼정신성 | 자식이 아침저녁으로 부모의 안부를 물어서 살핌 |

| 紅爐點雪 | 홍로점설 | 벌겋게 달아오른 화로에 떨어진 한 점 눈이란 뜻으로 1. 풀리지 않던 이치가 문득 깨쳐짐 2. 큰 힘 앞에 맥을 못 추는 매우 작은 힘 |
|---|---|---|
| 弘益人間 | 홍익인간 | 널리 인간세상을 이롭게 함 |
| 紅一點 | 홍일점 | 많은 남자 사이에 끼여 있는 한 명의 여자 |
| 畫龍點睛 | 화룡점정 | 무슨 일을 하는 데에 가장 중요한 부분을 완성함 |
| 花無十日紅 | 화무십일홍 | 열흘 붉은 꽃이 없다는 뜻으로, 한번 성하면 반드시 쇠퇴할 날이 있음을 이르는 말 |
| 畫蛇添足 | 화사첨족 | 뱀을 그리는 데 발까지 그려 넣는다는 말로, 안 해도 될 쓸데없는 일을 덧붙여 하다가 도리어 일을 그르침 |
| 花容月態 | 화용월태 | 꽃다운 얼굴과 달 같은 자태라는 뜻으로, 아름다운 여인을 이르는 말 |
| 花朝月夕 | 화조월석 | 꽃피는 아침과 달 밝은 밤이라는 뜻으로, '경치가 좋은 시절'을 이르는 말 |
| 畫中之餠 | 화중지병 | 그림에 떡이라는 뜻으로, 탐이 나도 어쩔 수 없는 사물을 이르는 말 |
| 畫虎類狗 | 화호유구 | 1. 호랑이를 그리려다 강아지를 그림 2. 소양이 없는 사람이 호걸인 체하다 도리 |

어 망신을 당함

| | | |
|---|---|---|
| 會者定離 | 회자정리 | 만난 사람은 반드시 헤어짐 |
| 凶惡無道 | 흉악무도 | 성질이 거칠고 사나우며 도리에 어그러짐 |
| 興亡盛衰 | 흥망성쇠 | 흥하고 망하고 성하고 쇠하는 일 |
| 興盡悲來 | 흥진비래 | 즐거운 일이 다하면 슬픈 일이 온다는 뜻으로, 세상일이 돌고 돎을 이르는 말 |
| 喜怒哀樂 | 희로애락 | 기쁨과 노여움, 슬픔과 즐거움 |

가곡 歌曲 (노래 가 | 굽을 곡)

가도 街道 (거리 가 | 길 도)

가옥 家屋 (집 가 | 집 옥)

가치 價値 (값 가 | 가치 치)

가택 家宅 (집 가 | 집 택)

가요 歌謠 (노래 가 | 노래 요)

각오 覺悟 (깨달을 각 | 깨달을 오)

간격 間隔 (사이 간 | 사이뜰 격)

감각 感覺 (느낄 감 | 느낄 각)

감독 監督 (볼 감 | 살필 독)

감시 監視 (살필 감 | 볼 시)

강건 康健 (편안할 강 | 굳셀 건)

강철 鋼鐵 (쇠 강 | 쇠 철)

개혁 改革 (고칠 개 | 바꿀 혁)

거대 巨大 (클 거 | 큰 대)

거절 拒絶 (막을 거 | 끊을 절)

거주 居住 (살 거 | 살 주)

건강 健康 (굳셀 건 | ★굳셀 강)

건설 建設 (세울 건 | 베풀 설)

검사 檢査 (조사할 검 | 조사할 사)

견고 堅固 (굳을 견 | 굳을 고)

견인 牽引 (끌 견 | 끌 인)

결손 缺損 (이지러질 결 | 덜 손)

경계 境界 (지경 경 | 지경 계)

경과 經過 (지날 경 | 지날 과)

경력 經歷 (지날 경 | 지낼 력)

경역 境域 (지경 경 | 지경 역)

경쟁 競爭 (다툴 경 | 다툴 쟁)

계단 階段 (계단 계 | 층계 단)

계략 計略 (꾀 계 | 꾀 략)

계산 計算 (셀 계 | 셈 산)

계속 繼續 (이을 계 | 이을 속)

계승 繼承 (이을 계 | 이을 승)　　구설 口舌 (입 구 | 혀 설)

계층 階層 (계단 계 | 층 층)　　구역 區域 (지경 구 | 지경 역)

고독 孤獨 (외로울 고 | 홀로 독)　　구제 救濟 (구원할 구 | ★건질 제)

고려 考慮 (생각할 고 | 생각할 려)　　군주 君主 (임금 군 | 주인 주)

고용 雇傭 (품팔 고 | 품팔 용)　　군중 群衆 (무리 군 | 무리 중)

고찰 考察 (생각할 고 | 살필 찰)　　굴곡 屈曲 (굽힐 굴 | 굽을 곡)

곤란 困難 (곤할 곤 | 어려울 난)　　굴절 屈折 (굽을 굴 | 굽을 절)

공격 攻擊 (칠 공 | 칠 격)　　궁극 窮極 (다할 궁 | 다할 극)

공경 恭敬 (공손할 공 | 공경할 경)　　권장 勸獎 (권할 권 | 권면할 장)

공포 恐怖 (두려울 공 | 두려워할 포)　　규범 規範 (법 규 | 법 범)

공허 空虛 (빌 공 | 빌 허)　　규율 規律 (법 규 | 법 율)

공헌 貢獻 (바칠 공 | 드릴 헌)　　규칙 規則 (법 규 | 법칙 칙)

과거 過去 (지날 과 | 갈 거)　　균등 均等 (고를 균 | 같을 등)

과실 果實 (열매 과 | 열매 실)　　극단 極端 (다할 극 | 끝 단)

과실 過失 (★잘못 과 | 잃을 실)　　근본 根本 (뿌리 근 | 근본 본)

과오 過誤 (★잘못 과 | 그르칠 오)　　근원 根源 (뿌리 근 | 근원 원)

관람 觀覽 (볼 관 | 볼 람)　　급여 給與 (줄 급 | 줄 여)

관찰 觀察 (볼 관 | 살필 찰)　　기록 記錄 (적을 기 | 기록할 록)

관철 貫徹 (꿸 관 | 통할 철)　　기술 技術 (재주 기 | 재주 술)

관통 貫通 (꿸 관 | 통할 통)　　기여 寄與 (부칠 기 | 줄 여)

교훈 敎訓 (가르칠 교 | 가르칠 훈)　　기예 技藝 (재주 기 | 재주 예)

구비 具備 (갖출 구 | 갖출 비)　　기아 飢餓 (주릴 기 | 주릴 아)

기저 基底 (터 기 | 밑 저)

나열 羅列 (벌일 라 | 벌릴 렬)

논의 論議 (논할 론 | 의논할 의)

단계 段階 (층계 단 | 계단 계)

단독 單獨 (홑 단 | 홀로 독)

단절 斷絕 (끊을 단 | 끊을 절)

담화 談話 (말씀 담 | 말씀 화)

도달 到達 (이를 도 | 이를 달)

도착 到着 (이를 도 | ★도달할 착)

도당 徒黨 (무리 도 | 무리 당)

도로 道路 (길 도 | 길 로)

도망 逃亡 (달아날 도 | 망할 망)

도적 盜賊 (도둑 도 | 도둑 적)

도피 逃避 (달아날 도 | 피할 피)

도화 圖畫 (그림 도 | 그림 화)

돈독 敦篤 (도타울 돈 | 도타울 독)

동리 洞里 (골 동 | 마을 리)

말단 末端 (끝 말 | 끝 단)

말미 末尾 (끝 말 | 고리 미)

면려 勉勵 (힘쓸 면 | 힘쓸 려)

멸망 滅亡 (멸할 멸 | 망할 망)

모발 毛髮 (털 모 | 터럭 발)

모범 模範 (본뜰 모 | 본 범)

무성 茂盛 (무성할 무 | 성할 성)

문장 文章 (글월 문 | 글 장)

문호 門戶 (문 문 | 지게문 호)

물건 物件 (물건 물 | 물건 건)

물품 物品 (물건 물 | 물건 품)

반환 返還 (돌아올 반 | 돌아올 환)

배필 配匹 (짝 배 | 짝 필)

배후 背後 (등 배 | 뒤 후)

법규 法規 (법 법 | 법 규)

법률 法律 (법 법 | 법 률)

법식 法式 (법 법 | 법 식)

법전 法典 (법 법 | 법 전)

변별 辨別 (나눌 변 | 나눌 별)

변혁 變革 (변할 변 | 바꿀 혁)

변화 變化 (변할 변 | 될 화)

병사 兵士 (병사 병 | ★병사 사)

병졸 兵卒 (병사 병 | ★군사 졸)

보고 報告 (알릴 보 | 보고할 고)

보수 保守 (지킬 보 | 지킬 수)

보호 保護 (지킬 보 | 지킬 호)

부속 附屬 (붙을 부 | 붙일 속)

부조 扶助 (도울 부 | 도울 조)

부차 副次 (버금 부 | 다음 차)

분묘 墳墓 (무덤 분 | 무덤 묘)

분주 奔走 (달릴 분 | 달릴 주)

비용 費用 (쓸 비 | 쓸 용)

비평 批評 (비평할 비 | 평할 평)

빈궁 貧窮 (가난할 빈 | 궁할 궁)

사고 思考 (생각 사 | 생각할 고)

사념 思念 (생각 사 | 생각 념)

사려 思慮 (생각 사 | 생각할 려)

사무 事務 (일 사 | 힘쓸 무)

사상 思想 (생각 사 | 생각할 상)

사설 辭說 (말씀 사 | 말씀 설)

사유 思惟 (생각 사 | 생각할 유)

사찰 査察 (조사할 사 | 살필 찰)

사택 舍宅 (집 사 | 집 택)

상념 想念 (생각할 상 | 생각 념)

상태 狀態 (모양 상 | 모양 태)

상해 傷害 (다칠 상 | 해할 해)

생산 生産 (날 생 | 낳을 산)

서책 書册 (글 서 | 책 책)

석방 釋放 (풀 석 | 놓을 방)

선별 選別 (가릴 선 | ★나눌 별)

선택 選擇 (가릴 선 | 가릴 택)

선포 宣布 (베풀 선 | 펼 포)

성찰 省察 (살필 성 | 살필 찰)

세탁 洗濯 (씻을 세 | 씻을 탁)

소박 素朴 (★소박할 소 | 순박할 박)

손실 損失 (덜 손 | 잃을 실)

손해 損害 (덜 손 | 해칠 해)

수림 樹林 (나무 수 | 수풀 림)

수명 壽命 (목숨 수 | 목숨 명)

수목 樹木 (나무 수 | 나무 목)

수여 授與 (줄 수 | 줄 여)

순결 純潔 (순할 순 | 깨끗할 결)

숭고 崇高 (높을 숭 | 높을 고)

승계 承繼 (이을 승 | 이을 계)

시설 施設 (베풀 시 | 베풀 설)

시초 始初 (★처음 시 | 처음 초)

시험 試驗 (시험할 시 | 시험할 험)

신고 申告 (★말할 신 | 고할 고)

신체 身體 (몸 신 | 몸 체)

심정 心情 (마음 심 | 뜻 정)

안목 眼目 (눈 안 | 눈 목)

| | |
|---|---|
| 안이 安易 (편안할 안 \| 쉬울 이) | 원호 援護 (도울 원 \| 보호할 호) |
| 암흑 暗黑 (어두울 암 \| 검을 흑) | 위급 危急 (위태할 위 \| 급할 급) |
| 애도 哀悼 (슬플 애 \| 슬퍼할 도) | 위대 偉大 (클 위 \| 큰 대) |
| 애호 愛好 (사랑 애 \| 좋을 호) | 위험 危險 (위태할 위 \| 험할 험) |
| 언어 言語 (말씀 언 \| 말씀 어) | 육신 肉身 (고기 육 \| 몸 신) |
| 업무 業務 (업 업 \| 힘쓸 무) | 융성 隆盛 (높을 융 \| 성할 성) |
| 연계 連繫 (이을 련 \| 맬 계) | 은밀 隱密 (숨길 은 \| 빽빽할 밀) |
| 연구 研究 (★연구할 연 \| 연구할 구) | 은혜 恩惠 (은혜 은 \| 은혜 혜) |
| 연락 連絡 (이을 련 \| 이을 락) | 음성 音聲 (소리 음 \| 소리 성) |
| 연세 年歲 (해 년 \| 해 세) | 의거 依據 (의지할 의 \| 근거 거) |
| 연속 連續 (이을 련 \| 이을 속) | 의논 議論 (의논할 의 \| 말할 론) |
| 연유 緣由 (인연 연 \| 말미암을 유) | 의복 衣服 (옷 의 \| 옷 복) |
| 염려 念慮 (생각 념 \| 생각할 려) | 의사 意思 (뜻 의 \| 생각 사) |
| 영원 永遠 (길 영 \| 멀 원) | 의지 意志 (뜻 의 \| 뜻 지) |
| 영특 英特 (★뛰어난 영 \| 특별할 특) | 이별 離別 (떠날 리 \| 나눌 별) |
| 예술 藝術 (재주 예 \| 재주 술) | 이산 離散 (떠날 리 \| 흩을 산) |
| 온난 溫暖 (따뜻할 온 \| 따뜻할 난) | 이익 利益 (이로울 이 \| 더할 익) |
| 완전 完全 (완전할 완 \| 온전할 전) | 인도 引導 (끌 인 \| 인도할 도) |
| 요구 要求 (★구할 요 \| 구할 구) | 인식 認識 (알 인 \| 알 식) |
| 우량 優良 (넉넉할 우 \| 좋을 량) | 인자 仁慈 (어질 인 \| 사랑 자) |
| 우수 憂愁 (근심 우 \| 근심 수) | 인지 認知 (알 인 \| 알 지) |
| 원한 怨恨 (원망할 원 \| 한 한) | 자태 姿態 (모양 자 \| 모양 태) |

재화 財貨 (재물 재 | 재화 화)
재화 災禍 (재앙 재 | 재앙 화)
저축 貯蓄 (쌓을 저 | 쌓을 축)
전쟁 戰爭 (싸움 전 | 다툴 쟁)
전적 典籍 (법 전 | 문서 적)
전투 戰鬪 (싸움 전 | 싸울 투)
정결 精潔 (깨끗할 정 | 깨끗할 결)
정류 停留 (머무를 정 | 머무를 류)
정지 停止 (머무를 정 | 그칠 지)
정성 精誠 (정신 정 | 정성 성)
정직 正直 (바를 정 | 곧을 직)
정치 政治 (정사 정 | 다스릴 치)
제왕 帝王 (임금 제 | 임금 왕)
제작 製作 (지을 제 | 지을 작)
제조 製造 (지을 제 | 지을 조)
조직 組織 (끈 조 | 짤 직)
조화 調和 (★화할 조 | 화할 화)
존재 存在 (있을 존 | 있을 재)
존중 尊重 (높을 존 | ★높을 중)
종료 終了 (마칠 종 | 마칠 료)
종말 終末 (마칠 종 | 끝 말)
종지 終止 (마칠 종 | 그칠 지)

주거 住居 (살 주 | 살 거)
주홍 朱紅 (붉을 주 | 붉을 홍)
준걸 俊傑 (준걸 준 | 뛰어날 걸)
준수 俊秀 (준걸 준 | 빼어날 수)
중앙 中央 (가운데 중 | 가운데 앙)
중후 重厚 (무거울 중 | 두터울 후)
증가 增加 (더할 증 | 더할 가)
지극 至極 (이를 지 | 다할 극)
지식 知識 (알 지 | 알 식)
진보 珍寶 (보배 진 | 보배 보)
진취 進就 (나아갈 진 | 나아갈 취)
질문 質問 (★물을 질 | 물을 문)
질병 疾病 (병 질 | 병 병)
차이 差異 (어긋날 차 | 다를 이)
참여 參與 (참여할 참 | ★참여할 여)
창고 倉庫 (곳집 창 | 곳집 고)
채소 菜蔬 (나물 채 | 나물 소)
채택 採擇 (캘 채 | 가릴 택)
처소 處所 (곳 처 | 바 소)
척도 尺度 (자 척 | ★자 도)
청결 淸潔 (맑을 청 | 깨끗할 결)
청정 淸淨 (맑을 청 | 깨끗할 정)

| 청문 聽聞 (들을 청 \| 들을 문) | 하천 河川 (물 하 \| 내 천) |
|---|---|
| 촌리 村里 (마을 촌 \| 마을 리) | 하해 河海 (물 하 \| 바다 해) |
| 축적 蓄積 (모을 축 \| 쌓을 적) | 한랭 寒冷 (찰 한 \| 찰 랭) |
| 충만 充滿 (가득할 충 \| 찰 만) | 항상 恒常 (떳떳할 항 \| 항상 상) |
| 취의 趣意 (뜻 취 \| 뜻 의) | 해석 解釋 (풀 해 \| 풀 석) |
| 측량 測量 (헤아릴 측 \| 헤아릴 량) | 해양 海洋 (바다 해 \| 큰바다 양) |
| 층계 層階 (층 층 \| 계단 계) | 행복 幸福 (★행복 행 \| 복 복) |
| 친족 親族 (친할 친 \| 겨레 족) | 허공 虛空 (빌 허 \| 빌 공) |
| 침범 侵犯 (침노할 침 \| 범할 범) | 헌법 憲法 (법 헌 \| 법 법) |
| 칭송 稱頌 (칭찬할 칭 \| 칭송할 송) | 현저 顯著 (나타날 현 \| 드러날 저) |
| 칭찬 稱讚 (칭찬할 칭 \| 기릴 찬) | 형벌 刑罰 (형벌 형 \| 죄 벌) |
| 타격 打擊 (칠 타 \| 칠 격) | 호칭 呼稱 (부를 호 \| 일컬을 칭) |
| 탐방 探訪 (찾을 탐 \| 찾을 방) | 화목 和睦 (화할 화 \| 화목할 목) |
| 토벌 討伐 (칠 토 \| 칠 벌) | 화협 和協 (화할 화 \| 화할 협) |
| 토지 土地 (흙 토 \| 땅 지) | 확고 確固 (굳을 확 \| 굳을 고) |
| 퇴거 退去 (물러날 퇴 \| 갈 거) | 환락 歡樂 (기쁠 환 \| 즐거울 락) |
| 투쟁 鬪爭 (싸울 투 \| 다툴 쟁) | 환희 歡喜 (기뻐할 환 \| 기쁠 희) |
| 포획 捕獲 (잡을 포 \| 얻을 획) | 황제 皇帝 (임금 황 \| 임금 제) |
| 풍성 豊富 (풍성할 풍 \| 성할 성) | 회귀 回歸 (돌 회 \| 돌아갈 귀) |
| 피혁 皮革 (가죽 피 \| 가죽 혁) | 회사 會社 (모일 회 \| 모일 사) |
| 필경 畢竟 (마칠 필 \| 마침내 경) | 휴식 休息 (쉴 휴 \| 쉴 식) |
| 하강 下降 (아래 하 \| 내릴 강) | 희망 希望 (바랄 희 \| 바랄 망) |

뜻이 반대 또는 상대되는 한자로 결합된 한자어입니다.

★한 부분은 대표 훈 대신 해당 훈을 단 것입니다.

가감 加減 (더할 가 | 덜 감)

가부 可否 (옳을 가 | 아닐 부)

간과 干戈 (방패 간 | 창 과)

간만 干滿 (빌 간 | 찰 만)

간지 干支 (천간 간 | 지지 지)

감고 甘苦 (달 감 | 쓸 고)

강산 江山 (강 강 | 뫼 산)

강약 強弱 (강할 강 | 약할 약)

개폐 開閉 (열 개 | 닫을 폐)

객주 客主 (손 객 | 주인 주)

거래 去來 (갈 거 | 올 래)

건곤 乾坤 (하늘 건 | 땅 곤)

건습 乾濕 (마늘 건 | 젖을 습)

경조 慶弔 (경사 경 | 조상할 조)

경위 經緯 (날 경 | 씨 위)

경중 輕重 (가벼울 경 | 무거울 중)

경향 京鄉 (서울 경 | ★시골 향)

고금 古今 (예 고 | 이제 금)

고저 高低 (높을 고 | 낮을 저)

고락 苦樂 (쓸 고 | 즐거울 락)

고부 姑婦 (시어미 고 | 며느리 부)

곡직 曲直 (굽을 곡 | 곧을 직)

골육 骨肉 (뼈 골 | 고기 육)

공과 功過 (공 공 | ★허물 과)

공사 公私 (★공적인 공 | 사사 사)

공방 攻防 (칠 공 | 막을 방)

공수 攻守 (칠 공 | 지킬 수)

관민 官民 (벼슬 관 | 백성 민)

광협 廣狹 (넓을 광 | 좁을 협)

교학 敎學 (가르칠 교 | 배울 학)

군신 君臣 (임금 군 | 신하 신)

귀천 貴賤 (귀할 귀 | 천할 천)

| | |
|---|---|
| 근원 近源 (가까울 근 \| 멀 원) | 대차 貸借 (빌려줄 대 \| 빌릴 차) |
| 근태 勤怠 (부지런할 근 \| 게으를 태) | 동서 東西 (동녘 동 \| 서녘 서) |
| 금허 禁許 (금할 금 \| 허락할 허) | 동이 同異 (같을 동 \| 다를 이) |
| 급락 急落 (미칠 급 \| 떨어질 락) | 동정 動靜 (움직일 동 \| 고요할 정) |
| 기복 起伏 (일어날 기 \| 업드릴 복) | 득실 得失 (얻을 득 \| 잃을 실) |
| 기침 起寢 (일어날 기 \| 잘 침) | 만조 晚早 (늦을 만 \| 이를 조) |
| 길흉 吉凶 (길할 길 \| 흉할 흉) | 망한 忙閑 (바쁠 망 \| 한가할 한) |
| 난랭 暖冷 (따뜻할 난 \| 찰 랭) | 매매 賣買 (팔 매 \| 살 매) |
| 난이 難易 (어려울 난 \| 쉬울 이) | 명암 明暗 (밝을 명 \| 어두울 암) |
| 남녀 男女 (사내 남 \| 계집 녀) | 모순 矛盾 (창 모 \| 방패 순) |
| 남매 男妹 (사내 남 \| 누이 매) | 문답 問答 (물을 문 \| 대답 답) |
| 남북 南北 (남녘 남 \| 북녘 북) | 문무 文武 (글월 문 \| 호반 무) |
| 내외 內外 (안 내 \| 밖 외) | 물심 物心 (물건 물 \| 마음 심) |
| 노사 勞使 (일할 로 \| ★부릴 사) | 미추 美醜 (아름다울 미 \| 추할 추) |
| 노소 老少 (늙을 로 \| 젊을 소) | 반상 班常 (★양반 반 \| ★보통 상) |
| 농담 濃淡 (짙을 농 \| 맑을 담) | 발착 發着 (★떠날 발 \| 붙을 착) |
| 다소 多少 (많을 다 \| 적을 소) | 방원 方圓 (모 방 \| 둥글 원) |
| 단복 單複 (홑 단 \| 겹칠 복) | 복배 腹背 (배 복 \| 등 배) |
| 단석 旦夕 (아침 단 \| 저녁 석) | 본말 本末 (근본 본 \| 끝 말) |
| 단속 斷續 (끊을 단 \| 이을 속) | 봉별 逢別 (만날 봉 \| 헤어질 별) |
| 당락 當落 (마땅할 당 \| 떨어질 락) | 부모 父母 (아비 부 \| 어미 모) |
| 대소 大小 (큰 대 \| 작을 소) | 부부 夫婦 (지아비 부 \| ★지어미 부) |

부처 夫妻 (아비 부 | 아내 처)

부침 浮沈 (뜰 부 | 가라앉을 침)

빈부 貧富 (가난할 빈 | 부자 부)

빙탄 冰炭 (얼음 빙 | 숯 탄)

사제 師弟 (스승 사 | ★제자 제)

사활 死活 (죽을 사 | 살 활)

산천 山川 (뫼 산 | 내 천)

산하 山河 (뫼 산 | 물 하)

산해 山海 (뫼 산 | 바다 해)

상벌 賞罰 (상줄 상 | 벌할 벌)

상하 上下 (위 상 | 아래 하)

생사 生死 (날 생 | 죽을 사)

선악 善惡 (착할 선 | 악할 악)

선후 先後 (먼저 선 | 뒤 후)

성쇠 盛衰 (성할 성 | 쇠할 쇠)

성패 成敗 (이룰 성 | 패할 패)

소밀 疏密 (성길 소 | 빽빽할 밀)

손익 損益 (덜 손 | 더할 익)

송영 送迎 (보낼 송 | 맞을 영)

수급 需給 (쓸 수 | 줄 급)

수미 首尾 (머리 수 | 꼬리 미)

수수 授受 (줄 수 | 받을 수)

수족 手足 (손 수 | 발 족)

수지 收支 (거둘 수 | 지탱할 지)

수화 水火 (물 수 | 불 화)

승강 昇降 (오를 승 | 내릴 강)

승부 勝負 (이길 승 | 질 부)

승패 勝敗 (이길 승 | 패할 패)

시말 始末 (비로소 시 | 끝 말)

시비 是非 (옳을 시 | 아닐 비)

시종 始終 (★시작 시 | 마칠 종)

신구 新舊 (새 신 | 예 구)

신축 伸縮 (펼 신 | 줄일 축)

심신 心身 (마음 심 | 몸 신)

심천 深淺 (깊을 심 | 얕을 천)

안위 安危 (편할 안 | 위태할 위)

애오 愛惡 (사랑 애 | 미워할 오)

애증 愛憎 (사랑 애 | 미울 증)

애환 哀歡 (슬플 애 | 기쁠 환)

억양 抑揚 (누를 억 | 날릴 양)

언행 言行 (말씀 언 | 다닐 행)

여야 與野 (★여당 여 | ★야당 야)

역순 逆順 (거스를 역 | 순할 순)

옥석 玉石 (구슬 옥 | 돌 석)

온냉 溫冷 (따뜻할 온 | 찰 랭)
완급 緩急 (느릴 완 | 급할 급)
왕래 往來 (갈 왕 | 올 래)
왕복 往復 (갈 왕 | 회복할 복)
우열 優劣 (넉넉할 우 | 못할 렬)
원근 遠近 (멀 원 | 가까울 근)
유무 有無 (있을 유 | 없을 무)
육해 陸海 (뭍 륙 | 바다 해)
은원 恩怨 (은혜 은 | 원망할 원)
은현 隱現 (숨을 은 | 나타날 현)
음양 陰陽 (그늘 음 | 볕 양)
이동 異同 (다를 이 | 한가지 동)
이합 離合 (떠날 리 | 합할 합)
이해 利害 (★이로울 리 | 해할 해)
인과 因果 (인할 인 | ★결과 과)
일월 日月 (날 일 | 달 월)
임면 任免 (맡길 임 | 면할 면)
입출 入出 (들 입 | 날 출)
자매 姉妹 (손윗누이 자 | 누이 매)
자웅 雌雄 (암컷 자 | 수컷 웅)
자타 自他 (스스로 자 | ★남 타)
장단 長短 (길 장 | 짧을 단)

장병 將兵 (장수 장 | 병사 병)
장유 長幼 (어른 장 | 어릴 유)
장졸 將卒 (장수 장 | ★병사 졸)
전답 田畓 (밭 전 | 논 답)
전화 戰和 (싸움 전 | 화할 화)
전후 前後 (앞 전 | 뒤 후)
정오 正誤 (바를 정 | 그르칠 오)
정오 淨汚 (깨끗할 정 | 더러울 오)
조만 早晚 (이를 조 | 늦을 만)
조석 朝夕 (아침 조 | 저녁 석)
조손 祖孫 (조상 조 | 손자 손)
조야 朝野 (조정 조 | 들 야)
존망 存亡 (있을 존 | 망할 망)
존비 尊卑 (높을 존 | 낮을 비)
존폐 存廢 (있을 존 | 버릴 폐)
종횡 縱橫 (세로 종 | 가로 횡)
좌립 坐立 (앉을 좌 | 설 립)
좌우 左右 (왼 좌 | 오른 우)
주객 主客 (주인 주 | 손님 객)
주야 晝夜 (낮 주 | 밤 야)
주종 主從 (주인 주 | 종 종)
중과 衆寡 (무리 중 | 적을 과)

증감 增減 (더할 증 | 덜 감)
지속 遲速 (더딜 지 | 빠를 속)
진가 眞假 (참 진 | 거짓 가)
진위 眞僞 (참 진 | 거짓 위)
진퇴 進退 (나아갈 진 | 물러날 퇴)
집배 集配 (모을 집 | 나눌 배)
집산 集散 (모을 집 | 흩어질 산)
찬반 贊反 (★찬성할 찬 | ★반대할 반)
천지 天地 (하늘 천 | 땅 지)
첨삭 添削 (더할 첨 | 깎을 삭)
청우 晴雨 (갤 청 | 비 우)
청탁 淸濁 (맑을 청 | 흐릴 탁)
초종 初終 (처음 초 | 마칠 종)
춘추 春秋 (봄 춘 | 가을 추)
출결 出缺 (나올 출 | ★빠질 결)
출납 出納 (날 출 | 들일 납)
출입 出入 (날 출 | 들 입)
취사 取捨 (취할 취 | 버릴 사)
친소 親疎 (친할 친 | 드물 소)
표리 表裏 (겉 표 | 속 리)
풍흉 豊凶 (풍성할 풍 | 흉년 흉)
피아 彼我 (저 피 | 나 아)

피차 彼此 (저 피 | 이 차)
한난 寒暖 (찰 한 | 따뜻할 난)
한서 寒暑 (찰 한 | 더울 서)
해결 解決 (풀 해 | 맺을 결)
허실 虛實 (빌 허 | 열매 실)
현우 賢愚 (어질 현 | 어리석을 우)
형제 兄弟 (맏 형 | 아우 제)
호오 好惡 (좋을 호 | 미워할 오)
화복 禍福 (재앙 화 | 복 복)
후박 厚薄 (두터울 후 | 엷을 박)
흑백 黑白 (검을 흑 | 흰 백)
흥망 興亡 (흥할 흥 | 망할 망)
희노 喜怒 (기쁠 희 | 성낼 노)
희비 喜悲 (기쁠 희 | 슬플 비)

첫 음절이 장음(長音)으로 발음되는 한자들입니다.

| | |
|---|---|
| 가 | 架 佳 假 可 暇 |
| 간 | 姦 懇 |
| 감 | 減 感 敢 憾 |
| 강 | 講 降 |
| 개 | 介 慨 概 塏 |
| 갱 | 更 |
| 거 | 去 巨 拒 距 據 擧 |
| 건 | 健 建 鍵 |
| 검 | 儉 劍 檢 |
| 게 | 揭 憩 |
| 견 | 遣 見 |

| 경 | 敬 警 慶 竟 鏡 競 璟 |
| 계 | 系 啓 契 季 戒 桂 界 癸 繫 繼 計 係 械 |
| 고 | 古 告 |
| 곤 | 困 |
| 공 | 供 共 攻 貢 孔 恭 |
| 과 | 寡 果 過 誇 |
| 관 | 款 |
| 광 | 廣 鑛 |
| 괴 | 愧 壞 傀 |
| 교 | 校 矯 敎 |
| 구 | 救 舊 久 |
| 군 | 郡 |
| 권 | 拳 勸 |
| 궤 | 軌 |
| 귀 | 歸 貴 鬼 |

| | |
|---|---|
| 근 | 僅 槿 謹 近 瑾 |
| 금 | 禁 錦 |
| 긍 | 肯 兢 |
| 나 | 那 |
| 난 | 暖 |
| 내 | 乃 內 耐 |
| 념 | 念 |
| 노 | 怒 |
| 농 | 濃 |
| 단 | 但 斷 |
| 담 | 膽 |
| 대 | 代 戴 貸 對 待 |
| 도 | 到 倒 途 道 導 |
| 동 | 凍 動 洞 |
| 둔 | 鈍 |

| 등 | 等 |
| 라 | 裸 |
| 란 | 卵 亂 爛 |
| 람 | 濫 |
| 랑 | 朗 |
| 랭 | 冷 |
| 량 | 兩 |
| 려 | 勵 慮 礪 呂 |
| 련 | 戀 練 鍊 |
| 례 | 例 禮 隸 醴 |
| 로 | 老 路 |
| 롱 | 弄 |
| 뢰 | 賴 |
| 료 | 了 |
| 루 | 屢 淚 漏 累 |

| | |
|---|---|
| 리 | 利 吏 履 李 理 裏 里 離 |
| 마 | 馬 |
| 만 | 晚 漫 萬 慢 |
| 망 | 妄 望 |
| 매 | 買 |
| 맹 | 猛 |
| 면 | 免 勉 面 冕 |
| 명 | 命 |
| 모 | 侮 母 慕 暮 某 |
| 묘 | 卯 墓 妙 廟 苗 昴 |
| 무 | 務 霧 戊 茂 武 舞 貿 |
| 문 | 問 |
| 미 | 尾 味 |
| 반 | 伴 半 反 叛 返 |
| 방 | 訪 傍 |

| | |
|---|---|
| 배 | 培 輩 拜 背 配 賠 |
| 범 | 汎 犯 範 |
| 변 | 變 辨 辯 卞 弁 |
| 병 | 病 倂 竝 丙 柄 秉 昺 |
| 보 | 報 寶 普 譜 步 補 布 潽 輔 |
| 봉 | 奉 鳳 俸 |
| 부 | 付 傅 簿 副 富 否 負 赴 賦 腐 復 阜 |
| 분 | 憤 奮 |
| 비 | 備 匪 悲 卑 批 比 祕 肥 費 鼻 婢 泌 |
| 사 | 事 士 似 使 史 四 謝 赦 巳 死 賜 捨 泗 |
| 산 | 散 産 算 |
| 상 | 上 想 |
| 서 | 序 庶 恕 暑 瑞 誓 逝 署 緖 敍 舒 |
| 선 | 善 繕 選 |
| 성 | 盛 姓 性 聖 |

| | |
|---|---|
| 세 | 世 貰 勢 洗 歲 稅 細 |
| 소 | 小 少 所 笑 |
| 손 | 損 |
| 송 | 訟 頌 送 誦 宋 |
| 쇄 | 刷 鎖 |
| 수 | 數 宿(별자리 수) |
| 순 | 順 |
| 시 | 侍 始 屍 市 施 是 矢 示 視 |
| 신 | 紳 信 愼 腎 |
| 심 | 甚 瀋 |
| 아 | 我 餓 |
| 안 | 案 岸 眼 雁 顔 |
| 암 | 暗 癌 |
| 앙 | 仰 |
| 애 | 礙 |

| 야 | 夜野也耶惹萮 |
| 양 | 讓養壤 |
| 어 | 御語 |
| 언 | 彦 |
| 여 | 汝輿與 |
| 연 | 研宴演硯軟姸衍 |
| 염 | 厭染 |
| 영 | 影永詠泳暎 |
| 예 | 藝譽銳豫濊睿預 |
| 오 | 五悟傲午娛誤汚墺 |
| 옹 | 擁甕 |
| 와 | 瓦臥 |
| 완 | 緩 |
| 왕 | 往旺 |
| 외 | 外畏 |

| 요 | 曜 |
| 용 | 勇用 |
| 우 | 宇右友羽雨又偶佑禹遇 |
| 운 | 運韻 |
| 원 | 願遠援苑 |
| 유 | 有裕 |
| 윤 | 潤閏允 |
| 응 | 凝應 |
| 의 | 義意 |
| 이 | 二貳以已耳異易珥 |
| 인 | 刃 |
| 임 | 壬妊賃 |
| 자 | 姿恣諮刺 |
| 장 | 丈壯奬掌葬臟狀藏 |
| 재 | 再栽在宰 |

| 저 | 低 底 抵 沮 著 貯 |
| 전 | 轉 典 展 戰 錢 殿 電 |
| 점 | 店 漸 占(점령하다의 뜻일 때) |
| 정 | 定 整 鄭 |
| 제 | 制 製 濟 帝 弟 第 祭 際 |
| 조 | 助 弔 照 造 釣 早 趙 |
| 좌 | 佐 左 坐 座 |
| 죄 | 罪 |
| 주 | 住 宙 注 駐 |
| 준 | 俊 峻 浚 駿 准 準 遵 埈 晙 濬 |
| 중 | 衆 重 |
| 진 | 振 震 進 盡 陳(베풀다의 뜻일 때) 晋 |
| 차 | 且 借 遮 |
| 찬 | 讚 贊 燦 璨 |
| 창 | 暢 創 唱 敞 昶 |

| 채 | 債彩探菜埰采蔡 |
| 처 | 悽處 |
| 천 | 淺賤踐薦遷 |
| 촌 | 寸村 |
| 총 | 總 |
| 최 | 催最 |
| 취 | 取趣吹炊就臭醉聚 |
| 치 | 置致 |
| 침 | 寢浸 |
| 타 | 墮打妥 |
| 탄 | 彈歎炭誕 |
| 탕 | 湯 |
| 태 | 態 |
| 통 | 痛統 |
| 퇴 | 退 |

| | |
|---|---|
| 파 | 破罷播把 |
| 패 | 敗霸 |
| 평 | 評 |
| 폐 | 幣弊閉廢肺蔽 |
| 포 | 抱砲飽抛捕暴 |
| 품 | 品 |
| 피 | 彼被避 |
| 하 | 下夏賀 |
| 한 | 恨限旱漢翰汗 |
| 함 | 陷艦 |
| 항 | 抗港項航巷 |
| 해 | 害海解 |
| 행 | 幸杏 |
| 향 | 享向響 |
| 헌 | 憲獻 |

| 험 | 險 驗 |
| 현 | 現 懸 縣 顯 峴 炫 |
| 형 | 瀅 |
| 혜 | 惠 慧 |
| 호 | 互 好 浩 戶 護 澔 晧 扈 昊 鎬 |
| 혼 | 混 |
| 화 | 貨 畫 禍 |
| 환 | 換 患 煥 幻 |
| 황 | 況 |
| 회 | 悔 會 檜 |
| 효 | 孝 效 曉 |
| 후 | 厚 後 候 后 |
| 훈 | 訓 |
| 휘 | 毀 |

# **장 · 단음한자

첫 음절이 장음(長音)과 短音(단음) 둘 다 발음되는 한자들입니다.
장 · 단음의 용례도 함께 기억하세요.

街(가)　街道(가:도), 街頭(가:두)
　　　　街販(가판), 街路樹(가로수)

肝(간)　肝癌(간:암), 肝炎(간:염)
　　　　肝腸(간장), 肝氣(간기)

簡(간)　簡易(간:이), 簡紙(간:지)
　　　　簡潔(간결), 簡單(간단), 簡略(간략)

間(간)　間食(간:식), 間諜(간:첩)
　　　　間隔(간격), 間島(간도)

強(강)　強迫(강:박), 強奪(강:탈)
　　　　強國(강국), 強力(강력), 強震(강진)

個(개)　個性(개:성), 個體(개:체)
　　　　個人(개인)

改(개)　改良(개:량), 改正(개:정)
　　　改札(개찰)

蓋(개)　蓋然(개:연)
　　　蓋草(개초)

景(경)　景品(경:품), 景福宮(경:복궁)
　　　景氣(경기), 景致(경치)

故(고)　故事(고:사), 故意(고:의)
　　　故鄕(고향)

考(고)　考課(고:과), 考試(고:시)
　　　考慮(고려), 考察(고찰), 考案(고안)

固(고)　固城(고:성)
　　　固執(고집)

恐(공)　恐喝(공:갈)
　　　恐怖(공포)

菓(과)　菓品(과:품)
　　　菓子(과자)

課(과)　課稅(과:세)
　　　課業(과업), 課題(과제)

貫(관)　貫珠(관:주), 貫祿(관:록)
　　　　貫徹(관철), 貫通(관통), 貫鄕(관향)

怪(괴)　怪談(괴:담), 怪變(괴:변)
　　　　怪常(괴상), 怪異(괴이)

具(구)　具氏(구:씨)
　　　　具備(구비), 具色(구색), 具現(구현)

口(구)　口腔(구:강)
　　　　口文(구문), 口錢(구전)

卷(권)　卷煙(권:연)
　　　　卷數(권수)

勤(근)　勤勉(근:면), 勤務(근:무)
　　　　勤苦(근고)

難(난)　難堪(난:감), 難色(난:색)
　　　　難關(난관), 難解(난해)

短(단)　短靴(단:화), 短杖(단:장)
　　　　短點(단점), 短縮(단축)

唐(당)　唐突(당:돌)
　　　　唐詩(당시)

大(대)  大闕(대:궐), 大勢(대:세)
　　　大口(대구), 大斗(대두), 大田(대전)

帶(대)  帶同(대:동), 帶妻僧(대:처승)
　　　帶狀(대상), 帶分數(대분수)

盜(도)  盜跖(도:척)
　　　盜掘(도굴), 盜用(도용)

冬(동)  冬眠(동:면), 冬寒(동:한)
　　　冬柏(동백), 冬至(동지)

浪(랑)  浪漫(낭:만), 浪費(낭:비)
　　　浪太(낭태)

來(래)  來賓(내:빈), 來世(내:세)
　　　來歷(내력), 來日(내일), 來侵(내침)

令(령)  令監(영:감)
　　　令息(영식), 令狀(영장)

露(로)  露積(노:적)
　　　露骨(노골), 露出(노출)

料(료)  料金(요:금)
　　　料量(요량), 料理(요리)

柳(류)　柳器(유:기)
　　　柳京(유경), 柳氏(유씨)

麻(마)　麻雀(마:작)
　　　麻衣(마의), 麻布(마포)

滿(만)　滿發(만:발), 滿月(만:월)
　　　滿期(만기), 滿了(만료), 滿足(만족)

賣(매)　賣場(매:장), 賣店(매:점)
　　　賣買(매매)

每(매)　每年(매:년), 每事(매:사)
　　　每日(매일)

孟(맹)　孟冬(맹:동), 孟子(맹:자)
　　　孟浪(맹랑)

聞(문)　聞見(문:견), 聞道(문:도)
　　　聞慶(문경)

未(미)　未達(미:달), 未滿(미:만)
　　　未安(미안)

迷(미)　迷路(미:로), 迷夢(미:몽)
　　　迷息(미식), 迷兒(미아), 迷惑(미혹)

美(미)　美德(미:덕), 美術(미:술)
　　　美國(미국), 美軍(미군)

放(방)　放送(방:송), 放火(방:화)
　　　放學(방학)

倍(배)　倍加(배:가), 倍率(배:율)
　　　倍達(배달)

凡(범)　凡例(범:례), 凡民(범:민)
　　　凡百(범백), 凡節(범절)

屛(병)　屛迹(병:적)
　　　屛風(병풍)

保(보)　保管(보:관), 保障(보:장), 保溫(보:온)
　　　保證(보증)

符(부)　符合(부:합), 符籍(부:적)
　　　符節(부절)

附(부)　附錄(부:록)
　　　附子(부잘)

府(부)　府君(부:군)
　　　府域(부역)

敷(부)  敷設(부:설), 敷衍(부:연)
　　　　敷地(부지)

分(분)  分量(분:량)
　　　　分斷(분단), 分明(분명), 分母(분모)

粉(분)  粉紅(분:홍)
　　　　粉末(분말), 粉筆(분필)

非(비)  非常(비:상), 非情(비:정), 非行(비:행)
　　　　非但(비단)

仕(사)  仕宦(사:환)
　　　　仕途(사도)

思(사)  思想(사:상)
　　　　思考(사고), 思念(사념), 思親(사친)

射(사)  射場(사:장)
　　　　射擊(사격), 射殺(사살)

尙(상)  尙古(상:고), 尙武(상:무)
　　　　尙宮(상궁), 尙存(상존)

喪(상)  喪偶(상:우), 喪妻(상:처)
　　　　喪家(상가), 喪服(상복), 喪失(상실)

徐(서)　徐行(서:행)
　　　　徐羅伐(서라벌), 徐氏(서씨)

掃(소)　掃地(소:지), 掃除(소:제)
　　　　掃射(소사), 掃蕩(소탕)

燒(소)　燒紙(소:지)
　　　　燒却(소각), 燒死(소사), 燒失(소실)

素(소)　素服(소:복), 素子(소:자)
　　　　素材(소재), 素質(소질)

孫(손)　孫世(손:세)
　　　　孫女(손녀), 孫子(손자)

手(수)　手巾(수:건)
　　　　手段(수단), 手術(수술), 手足(수족)

受(수)　受苦(수:고)
　　　　受講(수강), 受信(수신)

試(시)　試圖(시:도), 試食(시:식)
　　　　試驗(시험), 試合(시합)

審(심)　審議(심:의), 審判(심:판)
　　　　審査(심사), 審理(심리)

亞(아)　亞流(아:류), 亞熱帶(아:열대)
　　　亞鉛(아연), 亞洲(아주)

雅(아)　雅量(아:량), 雅號(아:호)
　　　雅樂(아악)

愛(애)　愛誦(애:송), 愛煙(애:연)
　　　愛國(애국), 愛人(애인)

沿(연)　沿革(연:혁)
　　　沿道(연도), 沿岸(연안)

燕(연)　燕尾服(연:미복), 燕雀(연:작)
　　　燕京(연경), 燕山君(연산군)

映(영)　映窓(영:창), 映彩(영:채)
　　　映像(영상), 映畵(영화)

要(요)　要綱(요:강), 要塞(요:새)
　　　要領(요령), 要素(요소)

梧(오)　梧島(오:도)
　　　梧桐(오동)

怨(원)　怨望(원:망), 怨聲(원:성)
　　　怨讐(원수)

爲(위)  爲人(위:인), 爲民(위:민)
　　　爲始(위시)

任(임)  任期(임:기), 任命(임:명)
　　　任氏(임씨)

暫(잠)  暫時(잠:시), 暫許(잠:허)
　　　暫定(잠정)

將(장)  將校(장:교), 將兵(장:병)
　　　將軍(장군), 將來(장래), 將次(장차)

長(장)  長成(장:성), 長幼(장:유)
　　　長短(장단), 長點(장점)

點(점)  點射(점:사), 點心(점:심)
　　　點燈(점등), 點火(점화)

井(정)  井間(정:간), 井邑詞(정:읍사)
　　　井水(정수), 井華水(정화수)

正(정)  正答(정:답), 正義(정:의)
　　　正月(정월), 正初(정초)

操(조)  操心(조:심), 操鍊(조:련)
　　　操縱(조종), 操作(조작)

從(종)　從祖(종:조), 從兄(종:형)
　　　　從軍(종군), 從來(종래), 從事(종사)

種(종)　種類(종:류), 種別(종:별)
　　　　種子(종자), 種族(종족)

酒(주)　酒酊(주:정)
　　　　酒安床(주안상)

奏(주)　奏攻(주:공), 奏請(주:청)
　　　　奏效(주효)

仲(중)　仲氏(중:씨), 仲兄(중:형)
　　　　仲介(중개), 仲媒(중매), 仲裁(중재)

症(증)　症나다(증:나다)
　　　　症勢(증세)

津(진)　津液(진:액)
　　　　津渡(진도), 津人(진인)

陳(진)　陳述(진:술), 陳列(진:열)
　　　　陳腐(진부), 陳容(진용)

鎭(진)　鎭壓(진:압), 鎭火(진:화)
　　　　鎭靜(진정)

斬(참)　斬首(참:수), 斬刑(참:형)
　　　斬新(참신)

倉(창)　倉卒(창:졸)
　　　倉庫(창고)

昌(창)　昌盛(창:성), 昌德宮(창:덕궁)
　　　昌言(창언), 昌運(창운)

針(침)　針母(침:모), 針線(침:선)
　　　針形(침형)

討(토)　討論(토:론), 討議(토:의)
　　　討伐(토벌), 討捕(토포)

吐(토)　吐瀉(토:사), 吐血(토:혈)
　　　吐露(토로)

便(편)　便紙(편:지)
　　　便利(편리), 便益(편익), 便秘(변비)

片(편)　片舟(편:주)
　　　片道(편도), 片面(편면)

包(포)　包括(포:괄), 包攝(포:섭)
　　　包裝(포장), 包含(포함)

胞(포)　胞胎(포:태)
　　　　胞子(포자), 胞衣(포의)

布(포)　布敎(포:교), 布陣(포:진)
　　　　布木(포목), 布帳(포장)

荷(하)　荷役(하:역)
　　　　入荷(입하)

韓(한)　韓服(한:복), 韓藥(한:약)
　　　　韓氏(한씨), 韓構字(한구자)

行(행)　行實(행:실)
　　　　行動(행동), 行路(행로)

虎(호)　虎口(호:구)
　　　　虎班(호반)

號(호)　號外(호:외)
　　　　號角(호각)

化(화)　化石(화:석), 化身(화:신), 化合(화:합)
　　　　化粧(화장)

火(화)　火爐(화:로), 火傷(화:상)
　　　　火曜日(화요일)

環(환)　　環境(환:경)
　　　　環狀(환상)

興(흥)　　興味(흥:미), 興趣(흥:취)
　　　　興亡(흥망), 興奮(흥분)

## **약자



| 본자 | | 약자 | 본자 | | 약자 |
|---|---|---|---|---|---|
| 假 | 거짓 가 | 仮 | 鷄 | 닭 계 | 鶏 |
| 價 | 값 가 | 価 | 繼 | 이을 계 | 継 |
| 覺 | 깨달을 각 | 覚 | 觀 | 볼 관 | 観 |
| 強 | 강할 강 | 强 | 關 | 관계할 관 | 関 |
| 蓋 | 덮을 개 | 盖 | 館 | 객사 관 | 舘 |
| 擧 | 들 거 | 挙 | 廣 | 넓을 광 | 広 |
| 據 | 근거 거 | 拠 | 鑛 | 쇳돌 광 | 鉱 |
| 傑 | 뛰어날 걸 | 杰 | 敎 | 가르칠 교 | 教 |
| 儉 | 검소할 검 | 倹 | 舊 | 예 구 | 旧 |
| 檢 | 검사할 검 | 検 | 驅 | 몰 구 | 駆 |
| 劍 | 칼 검 | 剣 | 龜 | 거북 구, 귀 | 亀 |
| 堅 | 굳을 견 | 坚 | 區 | 나눌 구 | 区 |
| 徑 | 길 경 | 径 | 國 | 나라 국 | 国 |
| 經 | 경서, 지날 경 | 経 | 勸 | 권할 권 | 劝　勧 |
| 輕 | 가벼울 경 | 軽 | 權 | 권세 권 | 权 |

| | | | | | |
|---|---|---|---|---|---|
| 歸 | 돌아갈 귀 | 帰 | 同 | 한가지 동 | 仝 |
| 棄 | 버릴 기 | 弃 | 燈 | 등잔 등 | 灯 |
| 旣 | 이미 기 | 既 | 樂 | 즐거울 락 | 楽 |
| 氣 | 기운 기 | 気 | 亂 | 어지러울 란 | 乱 |
| 緊 | 긴할 긴 | 紧 | 覽 | 볼 람 | 覧 |
| 惱 | 번뇌할 뇌 | 悩 | 濫 | 넘칠 람 | 滥 |
| 腦 | 뇌수 뇌 | 脳 | 朗 | 밝을 랑 | 朗 |
| 團 | 둥글 단 | 団 | 來 | 올 래 | 来 |
| 單 | 홑 단 | 単 | 兩 | 두 량 | 両 |
| 斷 | 끊을 단 | 断 | 勵 | 힘쓸 려 | 励 |
| 擔 | 멜 담 | 担 | 歷 | 지낼 력 | 歴 |
| 膽 | 쓸개 담 | 胆 | 戀 | 그리워할 련 | 恋 |
| 黨 | 무리 당 | 党 | 聯 | 연이을 련 | 联 |
| 當 | 마땅할 당 | 当 | 獵 | 사냥 렵 | 猟 |
| 對 | 대할 대 | 対 | 靈 | 신령 령 | 灵 |
| 臺 | 대 대 | 台 | 禮 | 예도 례 | 礼 |
| 帶 | 띠 대 | 帯 | 勞 | 일할 로 | 労 |
| 德 | 큰 덕 | 徳 | 爐 | 화로 로 | 炉 |
| 都 | 도읍 도 | 都 | 錄 | 기록할 록 | 録 |
| 圖 | 그림 도 | 図 | 賴 | 의뢰할 뢰 | 頼 |
| 獨 | 홀로 독 | 独 | 龍 | 용 룡 | 竜 |
| 讀 | 읽을 독 | 読 | 樓 | 누각 루 | 楼 |

| 萬 | 일만 만 | 万 | 寫 | 베낄 사 | 写 |
| 滿 | 찰 만 | 満 | 師 | 스승 사 | 师 |
| 灣 | 물굽이 만 | 湾 | 絲 | 실 사 | 糸 |
| 蠻 | 오랑캐 만 | 蛮 | 辭 | 말씀 사 | 辞 |
| 賣 | 팔 매 | 売 | 嘗 | 맛볼 상 | 嘗 |
| 脈 | 맥 맥 | 脉 | 桑 | 뽕나무 상 | 桒 |
| 麥 | 보리 맥 | 麦 | 狀 | 형상 상, 문서 장 | 状 |
| 沔 | 물이름 면 | 湎 | 釋 | 풀 석 | 釈 |
| 貌 | 모양 모 | 皃 | 纖 | 가늘 섬 | 繊 |
| 夢 | 꿈 몽 | 梦 | 聲 | 소리 성 | 声 |
| 廟 | 사당 묘 | 庙 | 世 | 인간 세 | 丗 |
| 無 | 없을 무 | 无 | 歲 | 해 세 | 歳 |
| 發 | 쏠, 필 발 | 発 | 屬 | 붙일 속 | 属 |
| 變 | 변할 변 | 変 | 續 | 이을 속 | 続 |
| 邊 | 가 변 | 辺, 边 | 壽 | 목숨 수 | 寿 |
| 竝 | 나란히 병 | 並 | 收 | 거둘 수 | 収 |
| 倂 | 아우를 병 | 併 | 數 | 셈 수 | 数 |
| 寶 | 보배 보 | 宝 | 獸 | 짐승 수 | 獣 |
| 佛 | 부처 불 | 仏 | 隨 | 따를 수 | 随 |
| 拂 | 떨칠 불 | 払 | 肅 | 엄숙할 숙 | 粛 |
| 祕 | 숨길 비 | 秘 | 濕 | 젖을 습 | 湿 |
| 冰 | 얼음 빙 | 氷 | 乘 | 탈 승 | 乗 |

| | | | | | |
|---|---|---|---|---|---|
| 實 | 열매 실 | 実 | 鬱 | 답답할 울 | 欝 |
| 雙 | 두, 쌍 쌍 | 双 | 圍 | 에워쌀 위 | 囲 |
| 兒 | 아이 아 | 児 | 衛 | 지킬 위 | 衛 |
| 亞 | 버금 아 | 亜 | 爲 | 할 위 | 為 |
| 惡 | 악할 악 | 悪 | 僞 | 거짓 위 | 偽 |
| 雁 | 기러기 안 | 鴈 | 隱 | 숨을 은 | 隠 |
| 巖 | 바위 암 | 岩 | 應 | 응할 응 | 応 |
| 壓 | 누를 압 | 圧 | 醫 | 의원 의 | 医 |
| 藥 | 약 약 | 薬 | 貳 | 두 이 | 弐 |
| 壤 | 흙덩이 양 | 壤 | 益 | 더할 익 | 益 |
| 嚴 | 엄할 엄 | 厳 | 壹 | 한 일 | 壱 |
| 餘 | 남을 여 | 余 | 殘 | 잔인할 잔 | 残 |
| 與 | 더불 여 | 与 | 蠶 | 누에 잠 | 蚕 |
| 譯 | 번역할 역 | 訳 | 雜 | 섞일 잡 | 雑 |
| 驛 | 역 역 | 駅 | 裝 | 꾸밀 장 | 装 |
| 鹽 | 소금 염 | 塩 | 將 | 장수 장 | 将 |
| 營 | 경영할 영 | 営 | 奬 | 장려할 장 | 奨 奬 |
| 榮 | 영화 영 | 栄 | 壯 | 장할 장 | 壮 |
| 藝 | 재주 예 | 芸 | 長 | 긴, 어른 장 | 镸 |
| 豫 | 미리 예 | 予 | 莊 | 씩씩할 장 | 荘 |
| 譽 | 기릴 예 | 誉 | 爭 | 다툴 쟁 | 争 |
| 溫 | 따뜻할 온 | 温 | 傳 | 전할 전 | 伝 |

| 戰 싸움 전 | 戦 战 | 踐 밟을 천 | 践 |
| --- | --- | --- | --- |
| 轉 구를 전 | 転 | 鐵 쇠 철 | 鉄 |
| 錢 돈 전 | 銭 | 廳 관청 청 | 庁 |
| 點 점 점 | 点 | 聽 들을 청 | 聴 |
| 情 뜻 정 | 情 | 體 몸 체 | 体 |
| 定 정할 정 | 定 | 觸 닿을 촉 | 触 |
| 靜 고요할 정 | 静 | 總 모두, 다 총 | 総 |
| 濟 건널 제 | 済 | 蟲 벌레 충 | 虫 |
| 齊 가지런할 제 | 斉 | 醉 취할 취 | 酔 |
| 劑 약 지을 제 | 剤 | 恥 부끄러울 치 | 恥 |
| 條 가지 조 | 条 | 齒 이 치 | 歯 |
| 增 더할 증 | 増 | 漆 옻 칠 | 柒 |
| 曾 일찍 증 | 曽 | 沈 잠길 침 | 沉 |
| 證 증거 증 | 証 | 稱 칭찬할, 부를 칭 | 称 |
| 珍 보배 진 | 珎 | 彈 탄알 탄 | 弾 |
| 盡 다할 진 | 尽 | 擇 가릴 택 | 択 |
| 眞 참 진 | 真 | 澤 못 택 | 沢 |
| 參 참여할 참 / 석 삼 | 参 | 免 토끼 토 | 兎 |
| 慘 참혹할 참 | 惨 | 癈 폐할 폐 | 廃 |
| 處 곳 처 | 処 | 豐 풍년 풍 | 豊 |
| 淺 얕을 천 | 浅 | 學 배울 학 | 学 |
| 賤 천할 천 | 賎 | 解 풀 해 | 鮮 |

| 鄉 | 시골 향 | 鄉 | 號 | 이름 호 | 号 |
| --- | --- | --- | --- | --- | --- |
| 虛 | 빌 허 | 虛 | 畫 | 그림 화 / 그을 획 | 画 |
| 獻 | 드릴 헌 | 献 | 擴 | 넓힐 확 | 拡 |
| 險 | 험할 험 | 険 | 歡 | 기뻐할 환 | 欢 |
| 驗 | 시험 험 | 験 | 會 | 모일 회 | 会 |
| 縣 | 고을 현 | 県 | 懷 | 품을 회 | 懐 |
| 賢 | 어질 현 | 賢 | 興 | 일 흥 | 兴 |
| 顯 | 나타날 현 | 顕 | 戲 | 놀이 희 | 戯 |
| 螢 | 반딧불 형 | 蛍 | | | |

8급부터 2급까지의 급수별 읽기 배정한자입니다. 2급의 쓰기 배정한자는 3급까지 1,817자입니다.

## 8급

校 학교 교
教 가르칠 교
九 아홉 구
國 나라 국
軍 군사 군
金 쇠 금 / 성 김
南 남녘 남
女 계집 녀
年 해 년
大 큰 대
東 동녘 동
六 여섯 륙
萬 일만 만
母 어미 모
木 나무 목
門 문 문
民 백성 민

白 흰 백
父 아비 부
北 북녘 북 / 달아날 배
四 넉 사
山 뫼 산
三 석 삼
生 날 생
西 서녘 서
先 먼저 선
小 작을 소
水 물 수
室 집 실
十 열 십
五 다섯 오
王 임금 왕
外 바깥 외
月 달 월
二 두 이
人 사람 인

一 한 일
日 날 일
長 길, 어른 장
弟 아우 제
中 가운데 중
青 푸를 청
寸 마디 촌
七 일곱 칠
土 흙 토
八 여덟 팔
學 배울 학
韓 한국, 나라이름 한
兄 맏 형
火 불 화

## 7급

歌 노래 가

家 집 가
間 사이 간
江 강 강
車 수레 거(차)
工 장인 공
空 빌 공
口 입 구
旗 기 기
記 기록할 기
氣 기운 기
男 사내 남
內 안 내
農 농사 농
答 대답 답
道 길 도
冬 겨울 동
動 움직일 동
同 한가지 동
洞 마을 동 /
　 통할 통
登 오를 등
來 올 래
力 힘 력
老 늙을 로
里 마을 리
林 수풀 림
立 설 립

每 매양 매
面 낯 면
名 이름 명
命 목숨 명
問 물을 문
文 글월 문
物 물건 물
方 모 방
百 일백 백
夫 지아비 부
不 아닐 불(부)
事 일 사
算 셈할 산
上 위 상
色 빛 색
夕 저녁 석
姓 성 성
世 인간, 세대 세
少 적을 소
所 바, 곳 소
手 손 수
數 셈 수
市 저자 시
時 때 시
植 심을 식
食 밥, 먹을 식
心 마음 심

安 편안할 안
語 말씀 어
然 그러할 연
午 낮 오
右 오른쪽 우
有 있을 유
育 기를 육
邑 고을 읍
入 들 입
子 아들 자
字 글자 자
自 스스로 자
場 마당 장
全 온전할 전
前 앞 전
電 번개 전
正 바를 정
祖 할아비 조
足 발 족
左 왼 좌
主 임금, 주인 주
住 살 주
重 무거울 중
地 땅 지
紙 종이 지
直 곧을 직
千 일천 천

天 하늘 천
川 내 천
草 풀 초
村 마을 촌
秋 가을 추
春 봄 춘
出 날 출
便 편할 편 / 똥오줌 변
平 평평할 평
下 아래 하
夏 여름 하
漢 한나라 한
海 바다 해
花 꽃 화
話 말씀 화
活 살 활
孝 효도 효
後 뒤 후
休 쉴 휴

## 6급

各 각각 각
角 뿔 각
感 느낄 감

強 강할 강
開 열 개
京 서울 경
界 지경 계
計 셀 계
古 예 고
苦 쓸 고
高 높을 고
共 함께 공
公 공평할 공
功 공 공
果 열매 과
科 과목, 과정 과
光 빛 광
交 사귈 교
區 나눌 구
球 공 구
郡 고을 군
近 가까울 근
根 뿌리 근
今 이제 금
級 등급 급
急 급할 급
多 많을 다
短 짧을 단
堂 집 당
代 대신할 대

對 대할 대
待 기다릴 대
圖 그림 도
度 법도 도 / 헤아릴 탁
讀 읽을 독 / 구절 두
童 아이 동
頭 머리 두
等 무리 등
樂 즐거울 락 / 노래 악 / 좋아할 요
例 법식 례
禮 예도 례
路 길 로
綠 초록빛 록
利 날카로울, 이로울 리
李 오얏 리
理 다스릴 리
明 밝을 명
目 눈 목
聞 들을 문
米 쌀 미
美 아름다울 미
朴 성, 순박할 박
半 절반 반

| | | |
|---|---|---|
| 反 돌이킬 반 | 勝 이길 승 | 銀 은 은 |
| 班 나눌 반 | 始 비로소 시 | 音 소리 음 |
| 發 쏠, 필 발 | 式 법 식 | 飮 마실 음 |
| 放 놓을, 쫓을 방 | 神 귀신 신 | 衣 옷 의 |
| 番 차례 번 | 信 믿을 신 | 意 뜻 의 |
| 別 나눌, 다를 별 | 新 새 신 | 醫 의원 의 |
| 病 병 병 | 身 몸 신 | 者 사람, 놈 자 |
| 服 옷 복 | 失 잃을 실 | 作 지을 작 |
| 本 근본 본 | 愛 사랑 애 | 昨 어제 작 |
| 部 떼 부 | 夜 밤 야 | 章 글 장 |
| 分 나눌 분 | 野 들 야 | 在 있을 재 |
| 使 하여금, 사신 사 | 弱 약할 약 | 才 재주 재 |
| 社 모일 사 | 藥 약 약 | 戰 싸움 전 |
| 死 죽을 사 | 陽 볕 양 | 定 정할 정 |
| 書 글 서 | 洋 큰바다 양 | 庭 뜰 정 |
| 席 자리 석 | 言 말씀 언 | 題 제목 제 |
| 石 돌 석 | 業 업 업 | 第 차례 제 |
| 線 줄 선 | 永 길 영 | 朝 아침, 조정 조 |
| 雪 눈 설 | 英 꽃부리 영 | 族 겨레 족 |
| 成 이룰 성 | 溫 따뜻할 온 | 注 부을 주 |
| 省 살필 성 / 덜 생 | 用 쓸 용 | 晝 낮 주 |
| 消 사라질 소 | 勇 날랠 용 | 集 모을 집 |
| 速 빠를 속 | 運 옮길 운 | 窓 창 창 |
| 孫 손자 손 | 園 동산 원 | 淸 맑을 청 |
| 樹 나무 수 | 遠 멀 원 | 體 몸 체 |
| 術 재주 술 | 由 말미암을 유 | 親 어버이, 친할 친 |
| 習 익힐 습 | 油 기름 유 | 太 클 태 |

通 통할 통
特 특별할 특
表 겉 표
風 바람 풍
合 합할 합
幸 다행 행
行 다닐 행 /
　　항렬 항
向 향할 향
現 나타날 현
形 모양 형
號 이름 호
和 화할 화
畫 그림 화 /
　　그을 획
黃 누를 황
會 모일 회
訓 가르칠 훈


## 5급

加 더할 가
價 값 가
可 옳을 가
改 고칠 개
客 손님 객

去 갈 거
擧 들 거
件 물건 건
建 세울 건
健 굳셀 건
格 격식 격
見 볼 견 / 뵈올 현
決 결단할 결
結 맺을 결
景 볕 경
敬 공경 경
輕 가벼울 경
競 다툴 경
固 굳을 고
告 고할 고
考 생각할 고
曲 굽을 곡
課 공부할,
　　과정 과
過 지날 과
觀 볼 관
關 관계할 관
廣 넓을 광
橋 다리 교
具 갖출 구
救 구원할 구
舊 예 구

局 판 국
貴 귀할 귀
規 법 규
給 줄 급
基 터 기
期 기약할 기
技 재주 기
己 몸 기
汽 물끓는김 기
吉 길할 길
念 생각 념
能 능할 능
團 둥글 단
壇 단 단
談 말씀 담
當 마땅 당
德 큰 덕
到 이를 도
島 섬 도
都 도읍 도
獨 홀로 독
落 떨어질 락
朗 밝을 랑
冷 찰 랭
量 헤아릴 량
良 어질 량
旅 나그네 려

| | | |
|---|---|---|
| 歷 지낼 력 | 仕 섬길 사 | 기록할 지 |
| 練 익힐 련 | 史 사기 사 | 臣 신하 신 |
| 令 하여금 령 | 寫 베낄 사 | 實 열매 실 |
| 領 거느릴 령 | 思 생각 사 | 兒 아이 아 |
| 勞 일할 로 | 査 조사할 사 | 惡 악할 악 / |
| 料 헤아릴 료 | 産 낳을 산 | 미워할 오 |
| 流 흐를 류 | 賞 상줄 상 | 案 책상 안 |
| 類 무리 류 | 商 장사 상 | 約 맺을 약 |
| 陸 뭍 륙 | 相 서로 상 | 養 기를 양 |
| 馬 말 마 | 序 차례 서 | 魚 물고기 어 |
| 末 끝 말 | 仙 신선 선 | 漁 고기잡을 어 |
| 亡 망할 망 | 善 착할 선 | 億 억 억 |
| 望 바랄 망 | 選 가릴 선 | 熱 더울 열 |
| 買 살 매 | 船 배 선 | 葉 잎 엽 |
| 賣 팔 매 | 鮮 고울 선 | 屋 집 옥 |
| 無 없을 무 | 說 말씀 설 / | 完 완전할 완 |
| 倍 곱 배 | 달랠 세 | 曜 빛날 요 |
| 法 법 법 | 性 성품 성 | 要 요긴할 요 |
| 變 변할 변 | 洗 씻을 세 | 浴 목욕할 욕 |
| 兵 병사 병 | 歲 해 세 | 友 벗 우 |
| 福 복 복 | 束 묶을 속 | 牛 소 우 |
| 奉 받들 봉 | 首 머리 수 | 雨 비 우 |
| 比 견줄 비 | 宿 잘 숙 / | 雲 구름 운 |
| 費 쓸 비 | 별자리 수 | 雄 수컷, 뛰어날 웅 |
| 鼻 코 비 | 順 순할 순 | 元 으뜸 원 |
| 冰 얼음 빙 | 示 보일 시 | 院 집 원 |
| 士 선비 사 | 識 알 식 / | 原 언덕 원 |

| | | |
|---|---|---|
| 願 원할 원 | 種 씨 종 | 必 반드시 필 |
| 位 자리 위 | 終 마칠 종 | 筆 붓 필 |
| 偉 클 위 | 罪 허물 죄 | 河 물 하 |
| 以 써 이 | 週 주일 주 | 寒 찰 한 |
| 耳 귀 이 | 州 고을 주 | 害 해할 해 |
| 因 인할 인 | 知 알 지 | 許 허락할 허 |
| 任 맡길 임 | 止 그칠 지 | 湖 호수 호 |
| 再 두 재 | 質 바탕 질 | 化 될 화 |
| 材 재목 재 | 着 붙을 착 | 患 근심 환 |
| 財 재물 재 | 參 참여할 참 | 效 본받을 효 |
| 災 재앙 재 | 唱 부를 창 | 凶 흉할 흉 |
| 爭 다툴 쟁 | 責 꾸짖을 책 | 黑 검을 흑 |
| 貯 쌓을 저 | 鐵 쇠 철 | |
| 的 과녁 적 | 初 처음 초 | |
| 赤 붉을 적 | 最 가장 최 | |
| 傳 전할 전 | 祝 빌 축 | **4급 II** |
| 典 법 전 | 充 가득할 충 | |
| 展 펼 전 | 致 이를 치 | 街 거리 가 |
| 切 끊을 절 / 온통 체 | 則 법칙 칙 / 곧 즉 | 假 거짓 가 |
| 節 마디 절 | 他 다를 타 | 減 덜 감 |
| 店 가게 점 | 打 칠 타 | 監 살필 감 |
| 停 머무를 정 | 卓 높을 탁 | 康 편안할 강 |
| 情 뜻 정 | 炭 숯 탄 | 講 욀, 강의할 강 |
| 操 잡을 조 | 宅 집 택(댁) | 個 낱 개 |
| 調 고를 조 | 板 널조각 판 | 檢 검사할 검 |
| 卒 마칠 졸 | 敗 패할 패 | 缺 이지러질 결 |
| | 品 물건 품 | 潔 깨끗할 결 |
| | | 警 경계할 경 |

| | | | | | |
|---|---|---|---|---|---|
| 境 | 지경 경 | 隊 | 무리 대 | 博 | 넓을 박 |
| 經 | 경서, 지날 경 | 導 | 인도할 도 | 防 | 막을 방 |
| 慶 | 경사 경 | 毒 | 독 독 | 訪 | 찾을 방 |
| 係 | 맬, 이을 계 | 督 | 감독할 독 | 房 | 방 방 |
| 故 | 연고 고 | 銅 | 구리 동 | 拜 | 절 배 |
| 官 | 벼슬 관 | 斗 | 말 두 | 背 | 등 배 |
| 究 | 연구할 구 | 豆 | 콩 두 | 配 | 짝 배 |
| 句 | 글귀 구 | 得 | 얻을 득 | 伐 | 칠 벌 |
| 求 | 구할 구 | 燈 | 등잔 등 | 罰 | 벌할 벌 |
| 宮 | 집 궁 | 羅 | 벌릴 라 | 壁 | 벽 벽 |
| 權 | 권세 권 | 兩 | 두 량 | 邊 | 가 변 |
| 極 | 끝, 다할 극 | 麗 | 고울 려 | 保 | 지킬 보 |
| 禁 | 금할 금 | 連 | 이을 련 | 報 | 알릴 보 |
| 器 | 그릇 기 | 列 | 벌일 렬 | 寶 | 보배 보 |
| 起 | 일어날 기 | 錄 | 기록할 록 | 步 | 걸을 보 |
| 暖 | 따뜻할 난 | 論 | 말할 론 | 復 | 회복할 복 / |
| 難 | 어려울 난 | 留 | 머무를 류 | | 다시 부 |
| 努 | 힘쓸 노 | 律 | 법칙 률 | 府 | 관청 부 |
| 怒 | 성낼 노 | 滿 | 찰 만 | 副 | 버금 부 |
| 單 | 홑 단 | 脈 | 맥 맥 | 富 | 부자 부 |
| 檀 | 박달나무 단 | 毛 | 털 모 | 婦 | 며느리 부 |
| 斷 | 끊을 단 | 牧 | 목장, 기를 목 | 佛 | 부처 불 |
| 端 | 끝 단 | 務 | 힘쓸 무 | 備 | 갖출 비 |
| 達 | 이를 달 | 武 | 군사, 굳셀 무 | 非 | 아닐 비 |
| 擔 | 멜 담 | 未 | 아닐 미 | 悲 | 슬플 비 |
| 黨 | 무리 당 | 味 | 맛 미 | 飛 | 날 비 |
| 帶 | 띠 대 | 密 | 빽빽할, 비밀 밀 | 貧 | 가난할 빈 |

| | | | | | | | |
|---|---|---|---|---|---|---|---|
| 寺 | 절 사 | | 修 | 닦을 수 | | 藝 | 재주 예 |
| 謝 | 사절할, 사례할 사 | | 受 | 받을 수 | | 誤 | 그르칠 오 |
| 師 | 스승 사 | | 授 | 줄 수 | | 玉 | 옥 옥 |
| 舍 | 집 사 | | 守 | 지킬 수 | | 往 | 갈 왕 |
| 殺 | 죽일 살 / 덜 쇄 | | 收 | 거둘 수 | | 謠 | 노래 요 |
| 常 | 항상 상 | | 純 | 순수할 순 | | 容 | 얼굴 용 |
| 床 | 상 상 | | 承 | 이을 승 | | 員 | 관원, 인원 원 |
| 想 | 생각할 상 | | 詩 | 시 시 | | 圓 | 둥글 원 |
| 狀 | 형상 상 / 문서 장 | | 施 | 베풀 시 | | 衛 | 지킬 위 |
| 設 | 베풀, 세울 설 | | 是 | 이, 옳을 시 | | 爲 | 할 위 |
| 城 | 성 성 | | 視 | 볼 시 | | 肉 | 고기 육 |
| 盛 | 성할 성 | | 試 | 시험할 시 | | 恩 | 은혜 은 |
| 誠 | 정성 성 | | 息 | 숨쉴 식 | | 陰 | 그늘 음 |
| 星 | 별 성 | | 申 | 펼 신 | | 應 | 응할 응 |
| 聖 | 성인 성 | | 深 | 깊을 심 | | 義 | 옳을 의 |
| 聲 | 소리 성 | | 眼 | 눈 안 | | 議 | 의논할 의 |
| 勢 | 기세 세 | | 暗 | 어두울 암 | | 移 | 옮길 이 |
| 稅 | 세금 세 | | 壓 | 누를 압 | | 益 | 더할 익 |
| 細 | 가늘 세 | | 液 | 진 액 | | 認 | 알 인 |
| 掃 | 쓸 소 | | 羊 | 양 양 | | 印 | 도장 인 |
| 笑 | 웃을 소 | | 餘 | 남을 여 | | 引 | 끌 인 |
| 素 | 본디, 흴 소 | | 如 | 같을 여 | | 將 | 장수 장 |
| 俗 | 풍습 속 | | 逆 | 거스를 역 | | 障 | 막을 장 |
| 續 | 이을 속 | | 演 | 펼 연 | | 低 | 낮을 저 |
| 送 | 보낼 송 | | 煙 | 연기 연 | | 敵 | 원수 적 |
| | | | 硏 | 갈 연 | | 田 | 밭 전 |
| | | | 榮 | 영화 영 | | 絶 | 끊을 절 |

| | | |
|---|---|---|
| 接 대접할 접 | 進 나아갈 진 | 布 베, 펼 포 |
| 政 정사 정 | 眞 참 진 | 暴 사나울 폭 / 모질 포 |
| 精 깨끗할, 정신 정 | 次 다음 차 | 票 쪽지 표 |
| 程 한도 정 | 察 살필 찰 | 豊 풍년 풍 |
| 制 마를 제 | 創 비롯할 창 | 限 한정 한 |
| 製 지을 제 | 處 곳 처 | 港 항구 항 |
| 提 끌 제 | 請 청할 청 | 航 배 항 |
| 濟 건널 제 | 總 모두 총 | 解 풀 해 |
| 除 덜 제 | 銃 총 총 | 鄕 시골 향 |
| 祭 제사 제 | 蓄 쌓을 축 | 香 향기 향 |
| 際 사이 제 | 築 쌓을 축 | 虛 빌 허 |
| 助 도울 조 | 忠 충성 충 | 驗 시험할 험 |
| 早 이를 조 | 蟲 벌레 충 | 賢 어질 현 |
| 造 지을 조 | 取 취할 취 | 血 피 혈 |
| 鳥 새 조 | 測 측량할 측 | 協 합할 협 |
| 尊 높을 존 | 置 둘 치 | 惠 은혜 혜 |
| 宗 마루 종 | 治 다스릴 치 | 呼 부를 호 |
| 走 달릴 주 | 齒 이 치 | 好 좋을 호 |
| 竹 대 죽 | 侵 침노할 침 | 戶 문 호 |
| 準 법도 준 | 快 쾌할 쾌 | 護 보호할 호 |
| 衆 무리 중 | 態 모양 태 | 貨 재화 화 |
| 增 더할 증 | 統 거느릴 통 | 確 굳을 확 |
| 指 손가락 지 | 退 물러날 퇴 | 回 돌 회 |
| 志 뜻 지 | 波 물결 파 | 吸 숨 들이쉴 흡 |
| 支 지탱할 지 | 破 깨뜨릴 파 | 興 일, 흥 흥 |
| 至 이를 지 | 包 쌀 포 | 希 바랄 희 |
| 職 벼슬 직 | 砲 대포 포 | |

## 4급

暇 겨를 가
刻 새길 각
覺 깨달을 각
看 볼 간
干 방패 간
簡 대쪽, 간략할 간
敢 감히, 용감할 감
甘 달 감
甲 갑옷 갑
降 내릴 강 /
　　항복할 항
更 다시 갱 /
　　고칠 경
居 살 거
巨 클 거
拒 막을 거
據 근거 거
傑 뛰어날 걸
儉 검소할 검
激 격할 격
擊 칠 격
堅 굳을 견
犬 개 견
傾 기울 경
驚 놀랄 경

鏡 거울 경
系 이을, 혈통 계
季 계절 계
鷄 닭 계
階 계단 계
戒 경계할 계
繼 이을 계
孤 외로울 고
庫 곳집 고
穀 곡식 곡
困 곤할 곤
骨 뼈 골
攻 칠 공
孔 구멍 공
管 관리할 관
鑛 쇳돌 광
構 얽을 구
君 임금 군
群 무리 군
屈 굽힐 굴
窮 다할, 궁할 궁
券 문서 권
卷 책 권
勸 권할 권
歸 돌아갈 귀
均 고를 균
劇 심할 극

勤 부지런할 근
筋 힘줄 근
奇 기특할 기
寄 부칠 기
紀 벼리 기
機 베틀 기
納 바칠 납
段 층계 단
徒 무리 도
逃 달아날 도
盜 도둑 도
亂 어지러울 란
卵 알 란
覽 볼 람
略 약탈할, 줄일 략
糧 양식 량
慮 생각할 려
烈 세찰 렬
龍 용 룡
柳 버들 류
輪 바퀴 륜
離 떠날 리
妹 누이 매
勉 힘쓸 면
鳴 울 명
模 본뜰 모
墓 무덤 묘

| | | |
|---|---|---|
| 妙 묘할 묘 | 屬 붙일 속 | 源 근원 원 |
| 舞 춤출 무 | 損 덜 손 | 援 도울 원 |
| 拍 칠 박 | 松 소나무 송 | 怨 원망할 원 |
| 髮 터럭 발 | 頌 칭송할 송 | 圍 에워쌀 위 |
| 妨 방해할 방 | 秀 빼어날 수 | 危 위태할 위 |
| 犯 범할 범 | 叔 아재비 숙 | 委 맡길 위 |
| 範 법 범 | 肅 엄숙할 숙 | 威 위세 위 |
| 辯 말씀 변 | 崇 높을 숭 | 慰 위로할 위 |
| 普 널리 보 | 氏 각시, 성씨 씨 | 乳 젖 유 |
| 伏 엎드릴 복 | 額 이마 액 | 儒 선비 유 |
| 複 겹칠 복 | 樣 모양 양 | 遊 놀 유 |
| 否 아닐 부 | 嚴 엄할 엄 | 遺 남길 유 |
| 負 질 부 | 與 더불 여 | 隱 숨을 은 |
| 粉 가루 분 | 域 지경 역 | 依 의지할 의 |
| 憤 성낼 분 | 易 바꿀 역 / 쉬울 이 | 儀 거동 의 |
| 碑 비석 비 | | 疑 의심할 의 |
| 批 비평할 비 | 延 끌 연 | 異 다를 이 |
| 祕 숨길 비 | 鉛 납 연 | 仁 어질 인 |
| 射 쏠 사 | 燃 사를 연 | 姊 손윗누이 자 |
| 私 사사 사 | 緣 인연 연 | 姿 맵시 자 |
| 絲 실 사 | 映 비출 영 | 資 재물 자 |
| 辭 말씀 사 | 營 경영할 영 | 殘 잔인할 잔 |
| 散 흩어질 산 | 迎 맞을 영 | 雜 섞일 잡 |
| 傷 상할 상 | 豫 미리 예 | 腸 창자 장 |
| 象 코끼리 상 | 遇 만날 우 | 壯 씩씩할 장 |
| 宣 베풀 선 | 優 넉넉할 우 | 裝 꾸밀 장 |
| 舌 혀 설 | 郵 우편 우 | 獎 장려할 장 |

| | | | | | | |
|---|---|---|---|---|---|---|
| 帳 | 장막 장 | 朱 | 붉을 주 | 歎 | 탄식할 탄 |
| 張 | 베풀 장 | 酒 | 술 주 | 脫 | 벗을 탈 |
| 底 | 밑 저 | 證 | 증거 증 | 探 | 찾을 탐 |
| 適 | 갈 적 | 持 | 가질 지 | 擇 | 가릴 택 |
| 積 | 쌓을 적 | 誌 | 기록 지 | 討 | 칠 토 |
| 績 | 길쌈 적 | 智 | 슬기, 지혜 지 | 痛 | 아플 통 |
| 籍 | 문서 적 | 織 | 짤 직 | 投 | 던질 투 |
| 賊 | 도둑 적 | 陣 | 진칠 진 | 鬪 | 싸울 투 |
| 專 | 오로지 전 | 珍 | 보배 진 | 派 | 물갈래 파 |
| 轉 | 구를 전 | 盡 | 다할 진 | 判 | 판단할 판 |
| 錢 | 돈 전 | 差 | 다를 차 | 篇 | 책 편 |
| 折 | 꺾을 절 | 讚 | 기릴 찬 | 評 | 평할 평 |
| 占 | 점령할 점 / 점칠 점 | 採 | 캘 채 | 閉 | 닫을 폐 |
| 點 | 점 점 | 冊 | 책 책 | 胞 | 태보, 세포 포 |
| 丁 | 고무래 정 | 泉 | 샘 천 | 爆 | 터질 폭 |
| 整 | 가지런할 정 | 聽 | 들을 청 | 標 | 표할 표 |
| 靜 | 고요할 정 | 廳 | 관청 청 | 疲 | 피곤할 피 |
| 帝 | 임금 제 | 招 | 부를 초 | 避 | 피할 피 |
| 組 | 짤 조 | 推 | 밀 추 | 恨 | 한 한 |
| 潮 | 조수 조 | 縮 | 오그라들 축 | 閑 | 한가할 한 |
| 條 | 가지 조 | 趣 | 뜻 취 | 抗 | 대항 항 |
| 存 | 있을 존 | 就 | 나아갈 취 | 核 | 씨 핵 |
| 從 | 좇을 종 | 層 | 층 층 | 憲 | 법 헌 |
| 鍾 | 쇠북 종 | 寢 | 잘 침 | 險 | 험할 험 |
| 座 | 자리 좌 | 針 | 바늘 침 | 革 | 가죽 혁 |
| 周 | 두루 주 | 稱 | 칭찬할, 부를 칭 | 顯 | 나타날 현 |
| | | 彈 | 탄알 탄 | 刑 | 형벌 형 |

或 혹 혹
婚 혼인할 혼
混 섞을 혼
紅 붉을 홍
華 빛날 화
歡 기뻐할 환
環 고리 환
況 모양 황
灰 재 회
厚 두터울 후
候 기후 후
揮 휘두를 휘
喜 기쁠 희

## 3급 II

佳 아름다울 가
架 시렁 가
脚 다리 각
閣 누각 각
刊 새길 간
肝 간 간
幹 줄기 간
懇 간절할 간
鑑 거울 감
剛 굳셀 강

鋼 강철 강
綱 벼리 강
蓋 덮을 개
介 낄 개
槪 대개 개
距 떨어질 거
乾 하늘, 마를 건
劍 칼 검
隔 사이 뜰 격
訣 이별할 결
兼 겸할 겸
謙 겸손할 겸
耕 밭갈 경
頃 이랑, 잠깐 경
徑 지름길, 길 경
硬 굳을 경
契 맺을 계
啓 열 계
械 기계 계
桂 계수나무 계
溪 시내 계
稿 원고, 볏짚 고
姑 시어미 고
鼓 북 고
谷 골 곡
哭 울 곡
供 이바지할 공

恭 공손할 공
貢 바칠 공
恐 두려울 공
誇 자랑할 과
寡 적을 과
冠 갓 관
貫 꿸 관
寬 너그러울 관
慣 익숙할 관
館 객사 관
狂 미칠 광
怪 괴이할 괴
壞 무너질 괴
巧 공교할 교
較 비교, 견줄 교
久 오랠 구
丘 언덕 구
拘 잡을 구
菊 국화 국
弓 활 궁
拳 주먹 권
鬼 귀신 귀
菌 버섯 균
克 이길 극
禽 새 금
琴 거문고 금
錦 비단 금

| | | | | | | | |
|---|---|---|---|---|---|---|---|
| 及 | 미칠 급 | | 渡 | 건널 도 | | 雷 | 우레 뢰 |
| 企 | 꾀할 기 | | 倒 | 넘어질 도 | | 樓 | 누각 루 |
| 其 | 그 기 | | 桃 | 복숭아 도 | | 累 | 여러, 자주 루 |
| 祈 | 빌 기 | | 突 | 갑자기 돌 | | 漏 | 샐 루 |
| 畿 | 경기 기 | | 凍 | 얼 동 | | 倫 | 인륜 륜 |
| 騎 | 말탈 기 | | 絡 | 이을, 얽을 락 | | 栗 | 밤 률 |
| 緊 | 긴할 긴 | | 欄 | 난간 란 | | 率 | 비율 률 |
| 諾 | 승낙할 낙 | | 蘭 | 난초 란 | | | 거느릴 솔 |
| 娘 | 계집 낭 | | 浪 | 물결 랑 | | 隆 | 높을 륭 |
| 耐 | 견딜 내 | | 郞 | 사내 랑 | | 陵 | 언덕 릉 |
| 寧 | 편안할 녕 | | 廊 | 사랑채, 행랑 랑 | | 吏 | 벼슬아치, 관리 리 |
| 奴 | 종 노 | | 涼 | 서늘할 량 | | 履 | 밟을 리 |
| 腦 | 골, 뇌수 뇌 | | 梁 | 들보, 돌다리 량 | | 裏 | 속, 안 리 |
| 泥 | 진흙 니 | | 勵 | 힘쓸 려 | | 臨 | 임할 림 |
| 茶 | 차 다, 차 | | 曆 | 책력 력 | | 磨 | 갈, 맷돌 마 |
| 丹 | 붉을 단 | | 戀 | 그리워할, 그릴 련 | | 麻 | 삼 마 |
| 旦 | 아침 단 | | 鍊 | 쇠불릴 련 | | 漠 | 넓을 막 |
| 但 | 다만 단 | | 聯 | 연이을 련 | | 莫 | 없을 막 |
| 淡 | 맑을 담 | | 蓮 | 연꽃 련 | | 幕 | 장막 막 |
| 踏 | 밟을 답 | | 裂 | 찢어질 렬 | | 晩 | 늦을 만 |
| 唐 | 당나라, 당황할 당 | | 嶺 | 고개 령 | | 妄 | 망령될 망 |
| 糖 | 엿 당 / 사탕 탕 | | 靈 | 신령 령 | | 梅 | 매화 매 |
| 臺 | 대 대 | | 露 | 이슬 로 | | 媒 | 중매 매 |
| 貸 | 빌릴 대 | | 爐 | 화로 로 | | 麥 | 보리 맥 |
| 刀 | 칼 도 | | 祿 | 녹 록 | | 孟 | 맏 맹 |
| 途 | 길 도 | | 弄 | 희롱할 롱 | | 盟 | 맹세 맹 |
| 陶 | 질그릇 도 | | 賴 | 의뢰할 뢰 | | 猛 | 사나울 맹 |

| | | | | | | | |
|---|---|---|---|---|---|---|---|
| 盲 | 소경, 눈멀 맹 | 芳 | 꽃다울 방 | 奮 | 떨칠 분 |
| 綿 | 솜 면 | 輩 | 무리 배 | 紛 | 어지러울 분 |
| 眠 | 잘 면 | 排 | 밀칠 배 | 拂 | 떨칠 불 |
| 免 | 면할 면 | 培 | 북돋을 배 | 婢 | 계집종 비 |
| 滅 | 멸망할, 꺼질 멸 | 伯 | 맏 백 | 卑 | 낮을 비 |
| 銘 | 새길 명 | 繁 | 번성할 번 | 肥 | 살찔 비 |
| 慕 | 그릴 모 | 凡 | 무릇 범 | 妃 | 왕비 비 |
| 謀 | 꾀 모 | 碧 | 푸를 벽 | 斜 | 비낄 사 |
| 貌 | 모양 모 | 丙 | 남녘, 셋째 천간 병 | 蛇 | 긴뱀 사 |
| 睦 | 화목할 목 | 補 | 기울 보 | 邪 | 간사할 사 |
| 沒 | 빠질 몰 | 譜 | 족보 보 | 詞 | 말, 글 사 |
| 夢 | 꿈 몽 | 腹 | 배 복 | 司 | 맡을 사 |
| 蒙 | 어두울 몽 | 覆 | 다시 복 | 沙 | 모래 사 |
| 茂 | 무성할 무 | | 덮을 부 | 祀 | 제사 사 |
| 貿 | 무역할 무 | 鳳 | 봉새 봉 | 削 | 깎을 삭 |
| 默 | 잠잠할 묵 | 峯 | 봉우리 봉 | 森 | 나무 빽빽할 삼 |
| 墨 | 먹 묵 | 封 | 봉할 봉 | 像 | 모양 상 |
| 紋 | 무늬 문 | 逢 | 만날 봉 | 尙 | 오히려 상 |
| 勿 | 말 물 | 扶 | 도울 부 | 霜 | 서리 상 |
| 微 | 작을 미 | 浮 | 뜰 부 | 喪 | 잃을 상 |
| 尾 | 꼬리 미 | 賦 | 조세 부 | 詳 | 자세할 상 |
| 薄 | 엷을 박 | 腐 | 썩을 부 | 裳 | 치마 상 |
| 迫 | 닥칠 박 | 簿 | 문서 부 | 償 | 갚을 상 |
| 般 | 가지, 일반 반 | 付 | 부칠 부 | 桑 | 뽕나무 상 |
| 飯 | 밥 반 | 符 | 부호 부 | 塞 | 변방 새 |
| 盤 | 쟁반 반 | 附 | 붙을 부 | | 막힐 색 |
| 拔 | 뽑을 발 | 奔 | 달릴 분 | 索 | 찾을 색 |

| | | |
|---|---|---|
| 동앗줄 삭 | 熟 익을 숙 | 仰 우러를 앙 |
| 署 마을, 관청 서 | 瞬 눈 깜작일 순 | 哀 슬플 애 |
| 緒 실마리 서 | 巡 돌, 순행할 순 | 若 같을 약 |
| 恕 용서할 서 | 旬 열흘 순 | 揚 날릴 양 |
| 徐 천천할 서 | 述 말할 술 | 讓 사양할 양 |
| 惜 아낄 석 | 拾 주울 습 / 열 십 | 壤 흙덩이 양 |
| 釋 풀 석 | 襲 엄습할 습 | 御 거느릴 어 |
| 旋 돌 선 | 濕 젖을 습 | 抑 누를 억 |
| 禪 선 선 | 昇 오를 승 | 憶 생각할 억 |
| 疏 소통할 소 | 僧 중 승 | 疫 전염병 역 |
| 蘇 되살아날 소 | 乘 탈 승 | 亦 또 역 |
| 訴 호소할 소 | 侍 모실 시 | 譯 번역할 역 |
| 燒 불사를 소 | 飾 꾸밀 식 | 役 부릴 역 |
| 訟 송사할 송 | 愼 삼갈 신 | 驛 역 역 |
| 刷 인쇄할 쇄 | 審 살필 심 | 沿 물따라 갈 연 |
| 鎖 쇠사슬 쇄 | 甚 심할 심 | 軟 연할 연 |
| 衰 쇠할 쇠 | 雙 두, 쌍 쌍 | 宴 잔치 연 |
| 愁 근심 수 | 我 나 아 | 燕 제비 연 |
| 殊 다를 수 | 雅 맑을 아 | 悅 기쁠 열 |
| 隨 따를 수 | 亞 버금 아 | 染 물들일 염 |
| 壽 목숨 수 | 阿 언덕 아 | 鹽 소금 염 |
| 輸 보낼 수 | 牙 어금니 아 | 炎 불꽃 염 |
| 需 쓰일 수 | 芽 싹 아 | 아름다울 담 |
| 帥 장수 수 | 顔 얼굴 안 | 影 그림자 영 |
| 獸 짐승 수 | 岸 언덕 안 | 譽 기릴 예 |
| 垂 드리울 수 | 巖 바위 암 | 烏 까마귀 오 |
| 淑 맑을 숙 | 央 가운데 앙 | 悟 깨달을 오 |

| | | | | | | |
|---|---|---|---|---|---|---|
| 獄 | 옥 옥 | 已 | 이미 이 | 跡 | 발자취 적 |
| 瓦 | 기와 와 | 翼 | 날개 익 | 蹟 | 자취 적 |
| 緩 | 느릴 완 | 忍 | 참을 인 | 笛 | 피리 적 |
| 辱 | 욕될 욕 | 逸 | 편안할, 달아날 일 | 殿 | 전각 전 |
| 慾 | 욕심 욕 | 壬 | 아홉째 천간 임 | 漸 | 차차 점 |
| 欲 | 하고자 할 욕 | 賃 | 품삯 임 | 貞 | 곧을 정 |
| 羽 | 깃 우 | 慈 | 사랑 자 | 淨 | 깨끗할 정 |
| 憂 | 근심 우 | 刺 | 찌를 자 / 찌를 척 | 井 | 우물 정 |
| 愚 | 어리석을 우 | 紫 | 자주빛 자 | 頂 | 꼭대기 정 |
| 宇 | 집 우 | 潛 | 잠길 잠 | 亭 | 정자 정 |
| 偶 | 짝 우 | 暫 | 잠깐 잠 | 廷 | 조정 정 |
| 韻 | 운 운 | 藏 | 감출 장 | 征 | 칠 정 |
| 越 | 넘을 월 | 粧 | 단장 장 | 齊 | 가지런할 제 |
| 謂 | 이를 위 | 掌 | 손바닥 장 | 諸 | 모두 제 |
| 胃 | 밥통 위 | 莊 | 씩씩할 장 | 照 | 비칠 조 |
| 僞 | 거짓 위 | 丈 | 어른 장 | 租 | 조세 조 |
| 幽 | 그윽할 유 | 臟 | 오장 장 | 兆 | 억조, 조짐 조 |
| 誘 | 꾈 유 | 葬 | 장사지낼 장 | 縱 | 세로 종 |
| 裕 | 넉넉할 유 | 載 | 실을 재 | 坐 | 앉을 좌 |
| 悠 | 멀 유 | 栽 | 심을 재 | 柱 | 기둥 주 |
| 維 | 벼리 유 | 裁 | 옷마를 재 | 洲 | 물가 주 |
| 柔 | 부드러울 유 | 著 | 나타날 저 | 宙 | 집 주 |
| 幼 | 어릴 유 | 抵 | 막을 저 | 鑄 | 쇠 불릴 주 |
| 猶 | 오히려 유 | 寂 | 고요할 적 | 奏 | 아뢸 주 |
| 潤 | 불을, 윤택할 윤 | 摘 | 딸 적 | 珠 | 구슬 주 |
| 乙 | 새 을 | | | 株 | 뿌리 주 |
| 淫 | 음란할 음 | | | 仲 | 버금 중 |

| | | |
|---|---|---|
| 卽 곧 즉 | 債 빚 채 | 稚 어릴 치 |
| 曾 일찍 증 | 策 꾀 책 | 漆 옻 칠 |
| 憎 미울 증 | 妻 아내 처 | 沈 잠길 침 / 성 심 |
| 症 증세 증 | 拓 넓힐 척 | 浸 잠길 침 |
| 蒸 찔 증 | 尺 자 척 | 奪 빼앗을 탈 |
| 之 갈 지 | 戚 친척 척 | 塔 탑 탑 |
| 池 못 지 | 遷 옮길 천 | 湯 끓을 탕 |
| 枝 가지 지 | 踐 밟을 천 | 殆 거의 태 |
| 震 우레 진 | 淺 얕을 천 | 泰 클 태 |
| 振 떨칠 진 | 賤 천할 천 | 澤 못 택 |
| 陳 베풀 진 | 哲 밝을 철 | 兔 토끼 토 |
| 묶을 진 | 徹 통할 철 | 吐 토할 토 |
| 辰 별 진 / 때 신 | 滯 막힐 체 | 透 통할 투 |
| 鎭 누를 진 | 肖 닮을, 같을 초 | 版 판목, 널판 판 |
| 疾 병 질 | 超 뛰어넘을 초 | 片 조각 편 |
| 秩 차례 질 | 礎 주춧돌 초 | 偏 치우칠 편 |
| 執 잡을 집 | 促 재촉할 촉 | 編 엮을 편 |
| 徵 부를 징 | 觸 닿을 촉 | 弊 폐단 폐 |
| 此 이 차 | 催 재촉할 최 | 廢 폐할, 버릴 폐 |
| 借 빌 차 | 追 쫓을 추 | 肺 허파 폐 |
| 錯 어긋날 착 | 畜 가축 축 | 浦 물가 포 |
| 贊 도울 찬 | 衝 부딪칠 충 | 捕 잡을 포 |
| 倉 곳집 창 | 吹 불 취 | 楓 단풍 풍 |
| 昌 창성할 창 | 醉 취할 취 | 皮 가죽 피 |
| 蒼 푸를 창 | 側 곁 측 | 被 입을 피 |
| 菜 나물 채 | 値 값 치 | 彼 저 피 |
| 彩 채색 채 | 恥 부끄러울 치 | 畢 마칠 필 |

| 何 | 어찌 하 |
| 荷 | 멜 하 |
| 賀 | 하례할 하 |
| 鶴 | 학 학 |
| 汗 | 땀 한 |
| 割 | 벨 할 |
| 含 | 머금을 함 |
| 陷 | 빠질 함 |
| 項 | 항목 항 |
| 恒 | 항상 항 |
| 響 | 울릴 향 |
| 獻 | 드릴 헌 |
| 玄 | 검을 현 |
| 懸 | 달 현 |
| 穴 | 굴 혈 |
| 脅 | 위협할 협 |
| 衡 | 저울 형 |
| 慧 | 슬기로울 혜 |
| 浩 | 넓을 호 |
| 胡 | 오랑캐 호 |
| 虎 | 범 호 |
| 豪 | 호걸 호 |
| 惑 | 미혹할 혹 |
| 魂 | 넋 혼 |
| 忽 | 갑자기 홀 |
| 洪 | 넓을 홍 |
| 禍 | 재앙 화 |

| 還 | 돌아올 환 |
| 換 | 바꿀 환 |
| 皇 | 임금 황 |
| 荒 | 거칠 황 |
| 悔 | 뉘우칠 회 |
| 胸 | 가슴 흉 |
| 懷 | 품을 회 |
| 劃 | 그을 획 |
| 獲 | 얻을 획 |
| 橫 | 가로 횡 |
| 戱 | 놀이 희 |
| 稀 | 드물 희 |

## 3급

| 却 | 물리칠 각 |
| 姦 | 간사할 간 |
| 渴 | 목마를 갈 |
| 皆 | 다, 모두 개 |
| 慨 | 슬퍼할 개 |
| 乞 | 빌 걸 |
| 遣 | 보낼 견 |
| 絹 | 비단 견 |
| 肩 | 어깨 견 |
| 牽 | 끌 견 |
| 竟 | 마침내 경 |

| 卿 | 벼슬 경 |
| 庚 | 곡식 경 |
| 癸 | 북방, 천간 계 |
| 繫 | 맬 계 |
| 顧 | 돌아볼 고 |
| 枯 | 마를 고 |
| 坤 | 땅 곤 |
| 郭 | 둘레, 외성 곽 |
| 掛 | 걸 괘 |
| 愧 | 부끄러울 괴 |
| 塊 | 흙덩이 괴 |
| 郊 | 들 교 |
| 矯 | 바로잡을 교 |
| 狗 | 개 구 |
| 苟 | 구차할, 진실로 구 |
| 懼 | 두려워할 구 |
| 俱 | 함께 구 |
| 驅 | 몰 구 |
| 龜 | 거북 구, 귀 |
| 厥 | 그 궐 |
| 軌 | 바퀴자국 궤 |
| 叫 | 부르짖을 규 |
| 糾 | 얽힐 규 |
| 僅 | 겨우 근 |
| 斤 | 근, 도끼 근 |
| 謹 | 삼갈 근 |

| | | |
|---|---|---|
| 肯 즐길 긍 | 劣 못할 렬 | 卯 토끼 묘 |
| 忌 꺼릴 기 | 廉 청렴할 렴 | 霧 안개 무 |
| 幾 몇 기 | 獵 사냥 렵 | 戊 다섯째 천간 무 |
| 棄 버릴 기 | 零 떨어질 령 | 眉 눈썹 미 |
| 欺 속일 기 | 隸 종 례 | 迷 미혹할 미 |
| 豈 어찌 기 | 鹿 사슴 록 | 憫 민망할 민 |
| 旣 이미 기 | 了 마칠 료 | 敏 민첩할 민 |
| 飢 주릴 기 | 僚 동료 료 | 蜜 꿀 밀 |
| 那 어찌 나 | 淚 눈물 루 | 泊 머무를 박 |
| 乃 이에 내 | 屢 여러 루 | 返 돌이킬 반 |
| 奈 어찌 내 | 梨 배 리 | 伴 짝 반 |
| 惱 번뇌할 뇌 | 隣 이웃 린 | 叛 배반할 반 |
| 畓 논 답 | 慢 거만할 만 | 傍 곁 방 |
| 塗 칠할 도 | 漫 흩어질 만 | 邦 나라 방 |
| 挑 돋울 도 | 茫 아득할 망 | 倣 본뜰 방 |
| 跳 뛸 도 | 忙 바쁠 망 | 杯 잔 배 |
| 稻 벼 도 | 罔 없을 망 | 煩 번거로울 번 |
| 篤 도타울 독 | 忘 잊을 망 | 飜 번역할 번 |
| 豚 돼지 돈 | 埋 묻을 매 | 辨 분별할 변 |
| 敦 도타울 돈 | 冥 어두울 명 | 竝 나란히 병 |
| 屯 진칠 둔 | 募 모을, 뽑을 모 | 屛 병풍 병 |
| 鈍 무딜 둔 | 某 아무 모 | 卜 점 복 |
| 騰 오를 등 | 侮 업신여길 모 | 蜂 벌 봉 |
| 濫 넘칠 람 | 冒 무릅쓸 모 | 赴 다다를, 갈 부 |
| 掠 노략질할 략 | 暮 저물 모 | 墳 무덤 분 |
| 諒 살필 량 | 苗 모 묘 | 崩 무너질 붕 |
| 憐 불쌍히 여길 련 | 廟 사당 묘 | 朋 벗 붕 |

| | | | | | | | |
|---|---|---|---|---|---|---|---|
| 賓 | 손 빈 | 搜 | 찾을 수 | 躍 | 뛸 약 |
| 頻 | 자주 빈 | 囚 | 가둘 수 | 楊 | 버들 양 |
| 聘 | 찾을 빙 | 誰 | 누구 수 | 於 | 어조사 어 |
| 似 | 닮을 사 | 遂 | 드디어 수 | | 탄식할 오 |
| 巳 | 뱀 사 | 須 | 모름지기 수 | 焉 | 어찌 언 |
| 捨 | 버릴 사 | 雖 | 비록 수 | 予 | 나 여 |
| 詐 | 속일 사 | 睡 | 졸음 수 | 余 | 나 여 |
| 斯 | 이 사 | 孰 | 누구 숙 | 汝 | 너 여 |
| 賜 | 줄 사 | 循 | 돌 순 | 輿 | 수레 여 |
| 朔 | 초하루 삭 | 殉 | 따라 죽을 순 | 閱 | 볼, 검열할 열 |
| 嘗 | 맛볼 상 | 脣 | 입술 순 | 詠 | 읊을 영 |
| 祥 | 상서 상 | 戌 | 개 술 | 泳 | 헤엄칠 영 |
| 暑 | 더울 서 | 矢 | 화살 시 | 銳 | 날카로울 예 |
| 庶 | 여러 서 | 辛 | 매울 신 | 傲 | 거만할 오 |
| 敍 | 펼 서 | 晨 | 새벽 신 | 吾 | 나 오 |
| 誓 | 맹세할 서 | 伸 | 펼 신 | 汚 | 더러울 오 |
| 逝 | 갈 서 | 尋 | 찾을 심 | 鳴 | 슬플 오 |
| 昔 | 옛 석 | 餓 | 주릴 아 | 娛 | 즐길 오 |
| 析 | 쪼갤 석 | 岳 | 큰 산 악 | 擁 | 안을 옹 |
| 涉 | 건널 섭 | 雁 | 기러기 안 | 翁 | 늙은이 옹 |
| 攝 | 다스릴, 잡을 섭 | 謁 | 아뢸, 뵐 알 | 臥 | 누울 와 |
| 蔬 | 나물 소 | 押 | 누를 압 | 曰 | 가로 왈 |
| 騷 | 떠들 소 | 殃 | 재앙 앙 | 畏 | 두려워할 외 |
| 昭 | 밝을 소 | 涯 | 물가 애 | 遙 | 멀 요 |
| 召 | 부를 소 | 厄 | 재앙 액 | 腰 | 허리 요 |
| 粟 | 조 속 | 也 | 어조사 야 | 搖 | 흔들 요 |
| 誦 | 욀 송 | 耶 | 어조사 야 | 庸 | 떳떳할 용 |

| 尤 | 더욱 우 | 哉 | 어조사 재 | 妾 | 첩 첩 |
|---|---|---|---|---|---|
| 又 | 또 우 | 滴 | 물방울 적 | 晴 | 갤 청 |
| 于 | 어조사 우 | 竊 | 훔칠 절 | 替 | 바꿀 체 |
| 云 | 이를 운 | 蝶 | 나비 접 | 逮 | 잡을 체 |
| 緯 | 씨 위 | 訂 | 바로잡을 정 | 遞 | 갈마들 체 |
| 違 | 어긋날 위 | 堤 | 둑 제 | 抄 | 뽑을 초 |
| 愈 | 나을 유 | 弔 | 조상할 조 | 秒 | 시간 단위 초 |
| 酉 | 열째지지 유 | 燥 | 마를 조 | 燭 | 촛불 촉 |
| 惟 | 생각할 유 | 拙 | 못날, 졸할 졸 | 聰 | 귀 밝은 총 |
| 唯 | 오직 유 | 佐 | 도울 좌 | 抽 | 뽑을 추 |
| 閏 | 윤달 윤 | 舟 | 배 주 | 醜 | 추할 추 |
| 吟 | 읊을 음 | 遵 | 좇을 준 | 丑 | 소, 둘째 지지 축 |
| 泣 | 울 읍 | 俊 | 준걸 준 | 逐 | 쫓을 축 |
| 凝 | 엉길 응 | 贈 | 줄 증 | 臭 | 냄새 취 |
| 宜 | 마땅할 의 | 只 | 다만 지 | 枕 | 베개, 말뚝 침 |
| 矣 | 어조사 의 | 遲 | 더딜 지 | 墮 | 떨어질 타 |
| 而 | 말이을 이 | 姪 | 조카 질 | 妥 | 온당할 타 |
| 夷 | 오랑캐 이 | 懲 | 징계할 징 | 托 | 맡길 탁 |
| 寅 | 범 인 | 且 | 또 차 | 濯 | 씻을 탁 |
| 姻 | 혼인 인 | 捉 | 잡을 착 | 濁 | 흐릴 탁 |
| 恣 | 마음대로, 방자할 자 | 慘 | 참혹할 참 | 誕 | 낳을, 거짓 탄 |
| 茲 | 이 자 | 慙 | 부끄러울 참 | 貪 | 탐낼 탐 |
| 爵 | 벼슬 작 | 暢 | 화창할 창 | 怠 | 게으를 태 |
| 酌 | 따를 작 | 斥 | 물리칠 척 | 把 | 잡을 파 |
| 墻 | 담 장 | 薦 | 천거할 천 | 播 | 뿌릴 파 |
| 宰 | 재상 재 | 添 | 더할 첨 | 頗 | 자못 파 |
|  |  | 尖 | 뽀족할 첨 | 罷 | 마칠 파 |

販 팔 판
貝 조개 패
遍 두루 편
蔽 덮을 폐
幣 화폐 폐
飽 배부를 포
抱 안을 포
幅 폭 폭
漂 떠다닐 표
匹 짝 필
旱 가물 한
咸 다 함
巷 거리 항
亥 돼지 해
奚 어찌 해
該 갖출 해
享 누릴 향
軒 집 헌
縣 고을 현
絃 줄 현
嫌 싫어할 혐
螢 반딧불 형
亨 형통할 형
兮 어조사 혜
乎 어조사 호
互 서로 호
毫 터럭 호

昏 날 저물 혼
鴻 기러기 홍
弘 클 홍
禾 벼 화
穫 벨 확
擴 넓힐 확
丸 둥글 환
曉 새벽 효
侯 제후 후
毁 헐 훼
輝 빛날 휘
携 이끌 휴

## 2급

葛 칡 갈
憾 섭섭할 감
坑 구덩이 갱
憩 쉴 게
揭 걸 게
雇 품팔 고
戈 창 과
瓜 오이 과
菓 과자 과
款 항목 관
傀 허수아비 괴

僑 객지에 살 교
膠 아교 교
絞 목맬 교
鷗 갈매기 구
歐 토할 구
購 살 구
掘 팔 굴
窟 굴 굴
圈 우리 권
闕 대궐 궐
閨 안방 규
棋 바둑 기
濃 짙을 농
尿 오줌 뇨
尼 여승 니
溺 빠질 닉
鍛 쇠불릴 단
潭 못, 깊을 담
膽 쓸개 담
垈 터 대
戴 일 대
悼 슬퍼할 도
桐 오동나무 동
棟 마룻대 동
藤 등나무 등
謄 베낄 등
裸 벌거숭이 라

| 洛 강이름 락 | 舶 배 박 | 纖 가늘 섬 |
| --- | --- | --- |
| 爛 빛날 란 | 搬 옮길 반 | 貰 세낼 세 |
| 藍 쪽 람 | 紡 길쌈 방 | 紹 소개, 이을 소 |
| 拉 끌고갈 랍 | 俳 광대 배 | 盾 방패 순 |
| 輛 수레 량 | 賠 물어줄 배 | 升 되 승 |
| 煉 쇠불릴, 달굴 련 | 柏 측백나무 백 | 屍 주검 시 |
| 籠 새장 롱 | 閥 문벌 벌 | 殖 번식할 식 |
| 療 병고칠 료 | 汎 뜰 범 | 紳 큰띠 신 |
| 硫 유황 류 | 僻 궁벽할 벽 | 腎 콩팥 신 |
| 謬 그릇될 류 | 倂 아우를 병 | 握 잡을 악 |
| 魔 마귀 마 | 俸 봉급 봉 | 癌 암 암 |
| 摩 갈 마 | 縫 꿰맬 봉 | 礙 거리낄 애 |
| 痲 마비, 저릴 마 | 敷 펼 부 | 惹 이끌 야 |
| 膜 꺼풀 막 | 膚 살갖 부 | 孃 아가씨 양 |
| 灣 물굽이 만 | 弗 아닐 불 | 硯 벼루 연 |
| 蠻 오랑캐 만 | 匪 도둑 비 | 厭 싫어할 염 |
| 娩 해산할 만 | 唆 부추길 사 | 預 미리 예 |
| 網 그물 망 | 赦 용서할 사 | 梧 오동나무 오 |
| 魅 도깨비, 홀릴 매 | 飼 기를 사 | 穩 평온할 온 |
| 枚 낱 매 | 傘 우산 산 | 歪 비뚤 왜 |
| 蔑 업신여길 멸 | 酸 초, 실 산 | 妖 요사스러울 요 |
| 帽 모자 모 | 蔘 인삼 삼 | 傭 품팔 용 |
| 矛 창 모 | 插 꽂을 삽 | 熔 녹일 용 |
| 沐 머리감을 목 | 箱 상자 상 | 鬱 답답할 울 |
| 紊 어지러울 문 | 瑞 상서 서 | 苑 동산 원 |
|  | 碩 클 석 | 尉 벼슬 위 |
|  | 繕 기울 선 | 融 화할 융 |

貳 두 이
刃 칼날 인
壹 한 일
妊 아이밸 임
磁 자석 자
諮 물을 자
雌 암컷 자
蠶 누에 잠
沮 막을 저
呈 드릴 정
偵 염탐할 정
艇 거룻배 정
劑 약제 제
措 둘 조
釣 낚시 조
彫 새길 조
綜 모을 종
駐 머무를 주
准 승인할 준
旨 뜻 지
脂 비계 지
塵 먼지 진
診 진찰할 진
津 나루 진
窒 막을 질
輯 모을 집
遮 막을, 가릴 차

餐 먹을 찬
札 편지 찰
刹 절 찰
斬 벨 참
彰 밝을 창
滄 큰 바다 창
悽 슬퍼할 처
隻 하나 척
撤 거둘 철
諜 염탐할 첩
締 맺을 체
哨 망볼 초
焦 탈 초
趨 달아날 추
蹴 찰 축
軸 굴대 축
衷 정성, 속마음 충
炊 불땔 취
託 부탁할 탁
琢 쫄 탁
颱 태풍 태
胎 아이밸 태
霸 두목 패
坪 평, 땅 평
抛 던질 포
怖 두려워할 포

鋪 펼, 가게 포
虐 모질, 학대할 학
翰 붓, 편지 한
艦 싸움배 함
弦 활시위 현
峽 골짜기 협
型 거푸집 형
濠 해자 호
酷 독할 혹
靴 신 화
幻 헛보일 환
滑 미끄러울 활
廻 돌 회
喉 목구멍 후
勳 공 훈
姬 계집 희
熙 빛날 희
噫 한숨쉴 희
    하품 애

## 2급(인명 · 지명)

軻 수레, 사람이름 가
賈 값 가 장사 고

迦 부처이름 가
柯 가지 가
伽 절 가
珏 쌍옥 각
杆 몽둥이 간
艮 머무를, 괘이름 간
鞨 종족이름 갈
鉀 갑옷 갑
岬 곶 갑
疆 지경 강
彊 굳셀 강
崗 언덕 강
岡 산등성이 강
姜 성 강
价 착할 개
塏 높은땅 개
鍵 열쇠 건
桀 사나울, 걸임금 걸
杰 뛰어날 걸
甄 질그릇 견
瓊 옥 경:
炅 빛날 경
儆 경계할 경
璟 옥빛 경
皐 언덕 고

琯 옥피리 관
串 꿸 관 땅이름 곶
槐 홰나무 괴
邱 언덕 구
玖 옥돌 구
鞠 기를 국
珪 홀 규
揆 헤아릴 규
圭 홀 규
奎 별이름 규
槿 무궁화나무 근
瑾 아름다운 옥 근
兢 조심할 긍
箕 키 기
耆 늙은 기
琦 옥이름 기
沂 물이름 기
岐 갈림길 기
麒 기린 기
淇 물이름 기
璣 구슬 기
騏 준마 기
驥 천리마 기
冀 바랄 기
琪 옥이름 기
湍 여울 단
塘 못 당

悳 큰 덕
燾 비출 도
燉 불빛 돈
惇 두터울 돈
頓 조아릴 돈
乭 이름 돌
董 바로잡을 동
杜 막을 두
鄧 나라이름 등
萊 명아주 래
樑 들보 량
亮 밝을 량
礪 숫돌 려
驪 검은말 려
廬 농막집 려
呂 음률 려
漣 잔물결 련
濂 물이름 렴
玲 금옥소리 령
醴 단술 례
魯 미련할, 노둔할 로
鷺 해오라기 로
蘆 갈대 로
盧 검을, 성 로
遼 멀 료
劉 죽일 류

| | | |
|---|---|---|
| 崙 산이름 륜 | 旁 곁 방 | 彬 빛날 빈 |
| 楞 네모질 릉 | 襄 옷치렁치렁할, 성 배 | 泗 물이름 사 |
| 麟 기린 린 | 筏 뗏목 벌 | 庠 학교 상 |
| 靺 오랑캐이름 말 | 范 풀이름, 성 범 | 舒 펼 서 |
| 貊 오랑캐 맥 | 卞 조급할, 성 변 | 錫 주석 석 |
| 覓 찾을 멱 | 弁 고깔 변 | 晳 밝을 석 |
| 俛 머리숙일 면 | 昞 밝을 병 | 奭 클 석 |
| 沔 물이름 면 | 昺 밝을 병 | 瑄 도리옥 선 |
| 冕 면류관 면 | 秉 잡을 병 | 璿 옥 선 |
| 謨 꾀 모 | 炳 밝을 병 | 璇 옥 선 |
| 牟 성, 보리 모 | 柄 자루 병 | 薛 대쑥 설 |
| 茅 띠 모 | 甫 클 보 | 卨 사람이름 설 |
| 穆 화목할 목 | 輔 도울 보 | 陝 땅이름 섬 |
| 昴 별이름 묘 | 潽 물이름 보 | 蟾 두꺼비 섬 |
| 汶 내 이름, 더럽힐 문 | 馥 향기 복 | 暹 햇살치밀 섬 |
| 彌 오랠 미 | 蓬 쑥 봉 | 燮 화할, 불꽃 섭 |
| 玟 아름다운 돌 민 | 阜 언덕 부 | 晟 밝을 성 |
| 旼 온화할 민 | 傅 스승 부 | 邵 고을이름, 성 소 |
| 閔 우환, 성 민 | 釜 가마솥 부 | 巢 새집 소 |
| 旻 하늘 민 | 芬 향내날 분 | 沼 못 소 |
| 珉 옥돌 민 | 鵬 붕새 붕 | 宋 송나라, 성 송 |
| 潘 성, 뜨물 반 | 毗 도울 비 | 隋 수나라 수 / 떨어질 타 |
| 磻 반계, 강이름 반 | 毖 삼갈 비 | 洙 물이름 수 |
| 渤 바다이름 발 | 泌 분비할 비 / 스며흐를 필 | 銖 저울눈 수 |
| 鉢 바리때 발 | 丕 클 비 | 舜 순임금 순 |
| 龐 높은 집 방 | | 珣 옥이름 순 |

筍 풀이름 순
洵 참으로 순
淳 순박할 순
瑟 큰거문고 슬
繩 줄, 노 승
柴 섶 시
軾 수레앞턱 가로나무 식
湜 물맑을 식
瀋 물이름 심
閼 막을 알
鴨 오리 압
艾 쑥 애
埃 티끌 애
倻 가야 야
襄 도울 양
彦 선비 언
衍 퍼질, 넘칠 연
淵 못 연
妍 고울 연
閻 마을 염
燁 빛날 엽
瑛 옥빛, 비칠 영
盈 찰 영
暎 비칠 영
瑩 밝을 영 옥빛 형
芮 물가, 성 예

睿 슬기로울, 밝을 예
濊 흐릴 예
墺 물가 오
吳 오나라 오
沃 기름질 옥
鈺 보배 옥
邕 막을, 화할 옹
雍 화할 옹
甕 항아리 옹
莞 왕골, 웃을 완
旺 왕성할 왕
汪 넓을 왕
倭 왜국 왜
耀 빛날 요
姚 예쁠 요
堯 요임금 요
溶 녹을 용
瑢 패옥소리 용
鎔 녹일, 거푸집 용
鏞 쇠북, 큰종 용
祐 도울 우
禹 성 우
佑 도울 우
旭 아침해 욱
煜 빛날, 불꽃 욱
頊 삼갈, 멍할 욱

郁 성할 욱
昱 빛날 욱
芸 향초 운
蔚 풀이름 울
熊 곰 웅
袁 옷길 원
瑗 구슬 원
媛 예쁠 원
魏 높을, 나라이름 위
韋 다룸가죽 위
渭 물이름 위
庾 곳집 유
楡 느릅나무 유
兪 대답할 유
踰 넘을 유
鈗 병기 윤
胤 자손 윤
允 진실로 윤
尹 다스릴, 성 윤
闇 향기 은
殷 은나라 은
垠 땅끝 은
鷹 매 응
伊 저 이
珥 귀고리 이
怡 기쁠 이

翊 도울 익
佾 춤 일
鎰 중량 일
滋 불을 자
獐 노루 장
庄 전장, 농막 장
璋 홀 장
蔣 줄풀, 성 장
甸 경기, 다스릴 전
鼎 솥 정
珽 옥이름 정
鄭 나라 정
晶 맑을 정
禎 상서로울 정
旌 기 정
汀 물가 정
楨 광나무 정
趙 조나라 조
曺 성 조
祚 복조 조
琮 옥홀 종
疇 밭이랑 주
埈 높을 준
晙 밝을 준
浚 깊을 준
駿 준마 준
峻 높을 준

濬 깊을 준
芝 영지, 지초 지
址 터 지
稙 올벼 직
稷 기장 직
晋 진나라 진
秦 진나라 진
燦 빛날 찬
璨 옥빛 찬
鑽 뚫을 찬
瓚 옥잔 찬
昶 해길 창
敞 높을 창
蔡 풀숲, 성 채
采 캘 채
埰 사패땅 채
陟 오를 척
釧 팔찌 천
澈 맑을 철
喆 밝을 철
瞻 볼 첨
楚 초나라 초
蜀 나비애벌레,
　　나라 촉
崔 높을, 성 최
鄒 추나라 추
楸 가래나무 추

椿 참죽나무 춘
沖 화할 충
聚 모일 취
雉 꿩 치
峙 언덕 치
灘 여울 탄
耽 즐길 탐
台 별 태 나 이
兌 바꿀 태
坡 고개 파
阪 산비탈 판
彭 성, 띵띵할 팽
扁 넓적할 편
鮑 절인 어물 포
葡 포도 포
杓 자루 표
馮 성(姓) 풍 탈 빙
弼 도울 필
邯 땅이름 한
　　사람이름 감
亢 목, 올라갈 항
沆 넓을 항
杏 살구 행
赫 붉을, 빛날 혁
爀 불빛 혁
峴 고개 현
炫 밝을, 빛날 현

| | | | | | | | | |
|---|---|---|---|---|---|---|---|---|
| 鉉 | 솥귀고리 | 현 | 鎬 | 냄비 | 호 | 壎 | 질나팔 | 훈 |
| 陜 | 좁을 | 협 | 祜 | 복 | 호 | 熏 | 불길 | 훈 |
| | 땅이름 | 합 | 泓 | 물깊을 | 홍 | 薰 | 향풀 | 훈 |
| 邢 | 성, 나라이름 | 형 | 嬅 | 탐스러울 | 화 | 徽 | 아름다울 | 휘 |
| 炯 | 밝을, 빛날 | 형 | 樺 | 자작나무 | 화 | 烋 | 아름다울 | 휴 |
| 馨 | 향기 | 형 | 桓 | 굳셀 | 환 | 匈 | 오랑캐 | 흉 |
| 瀅 | 물맑을 | 형 | 煥 | 빛날 | 환 | 欽 | 공경할 | 흠 |
| 晧 | 흴, 밝을 | 호 | 晃 | 밝을 | 황 | 嬉 | 즐길 | 희 |
| 澔 | 넓을 | 호 | 滉 | 깊을 | 황 | 憙 | 기뻐할 | 희 |
| 晧 | 밝을 | 호 | 檜 | 전나무 | 회 | 熹 | 빛날, 성할 | 희 |
| 昊 | 하늘 | 호 | 淮 | 물이름 | 회 | 禧 | 복 | 희 |
| 壕 | 해자 | 호 | 后 | 임금 | 후 | 羲 | 황제이름 | 희 |
| 扈 | 따를 | 호 | | | | | | |